"十三五"职业教育部委级规划教材

服装营销实训

徐明亮　主　编

杨　华　副主编

中国纺织出版社有限公司　国家一级出版社　全国百佳图书出版单位

内 容 提 要

本书是"十三五职业教育部委级规划教材",以培养学生服装终端营销的岗位能力要求为基础,以实际工作的业务循环为依据,将学习内容整合为10个项目:服装销售人员仪容仪表与肢体语言、服装终端卖场播音、服饰系结与服装折叠方法、服装卖场陈列与搭配、服装卖场推销技巧、服装消费者类型及其决策过程、服装市场调查与预测、促销方案的制订与实施、服装广告宣传、团队合作训练。

本书既可作为高职高专服装设计专业(营销方向)学生的教材,也可作为服装销售从业人员学习和阅读的参考书籍。

图书在版编目(CIP)数据

服装营销实训 / 徐明亮主编 . — 北京:中国纺织出版社有限公司,2019.8(2024.2 重印)

"十三五"职业教育部委级规划教材

ISBN 978-7-5180-6501-1

Ⅰ.①服… Ⅱ.①徐… Ⅲ.①服装—市场营销学—职业教育—教材 Ⅳ.① F768.3

中国版本图书馆 CIP 数据核字(2019)第 164406 号

责任编辑:亢莹莹 责任校对:江思飞 责任印制:何 建

中国纺织出版社有限公司出版发行

地址:北京市朝阳区百子湾东里 A407 号楼 邮政编码:100124

销售电话:010—67004422 传真:010—87155801

http://www.c-textilep.com

E-mail: faxing@c-textilep.com

中国纺织出版社天猫旗舰店

官方微博 http://weibo.com/2119887771

北京通天印刷有限责任公司印刷 各地新华书店经销

2019 年 8 月第 1 版 2024年2月第2次印刷

开本:787×1092 1/16 印张:10.5

字数:200 千字 定价:48.00 元

前　言

服装营销实训是高职高专服装设计专业（营销方向）的核心课程，但是，目前我国大部分高职高专院校的该课程仍然采用服装营销理论教材或未使用教材进行授课，课程中教授的内容普遍与营销实践工作的要求脱节，无法满足学生实际工作对岗位的能力要求。为此，作者总结了服装营销实训教学中的经验，及走访了从事服装终端卖场一线工作近两年的毕业生，结合当前服装企业对零售一线员工基本技能的要求与标准，以培养职业能力为核心，以工作实践为主线，以工作过程为导向，采用项目驱动模式编写本书。本书的主要特色体现在以下三个方面：

1．目标清楚、定位准确

本书定位于培养学生在服装终端卖场营销方面的技能和职业素养，突出基本原理，注重技能培养，实现理论与实践一体化。

2．项目构建、任务驱动

本书以服装终端卖场的实践工作过程为依据，用任务驱动的形式构建了服装营销实训的内容体系。坚持"教学内容项目化、项目内容任务化、任务过程化、理论实践一体化"的教学改革方向，通过组建项目团队，将学生引入真实的职场环境，既能较全面地掌握相关理论知识，又能有效分析和解决实际问题，做到学以致用。

3．内容合理、层次清晰

本书以服装终端营销岗位能力要求为基础，以实际工作的业务循环为依据，将学习内容整合为 10 个教学项目，建立新的教学逻辑路径，使学生在对服装营销理论和实际工作产生理性认识的基础上，培养职业理念和职业思维，并具备标准化的职业技能。

本书由陕西工业职业技术学院徐明亮主编，编写了项目一、项目二、项目五到项目九；副主编杨华编写了项目四、项目十，王晶参与编写了项目三、项目十。在本书编写过程中，参阅并借鉴了许多相关论述及来自互联网的业内人士的观点和案例，在此谨向原作者表示诚挚谢意。由于作者水平有限，书中不足之处敬请读者批评指正。

编　者
2019 年 6 月

目　录

项目一　服装销售人员仪容仪表与肢体语言

<table>
<tr><td>实训目的</td><td>　　本项目旨在让学生通过对服装销售人员行为、举止的学习，要求学生对自身的仪容仪表、站姿、蹲姿、坐姿、行走姿势等进行规范练习。使其达到实际工作环境的标准要求。</td></tr>
</table>

第一部分　理论知识

　　礼仪是一种典章、制度，包括人的仪表、仪态、礼节等，用以规范人的行为、举止，调整人与人之间的关系。营销人员是否懂得和运用现代商务活动中的基本礼仪，不仅反映出其本身的素质，还映射出其所在公司的企业文化和经营管理水平。仪容仪表是指个人的形象，言谈举止是指每一个人在商务活动中的职业表现。在营销活动中，赢家往往更懂得形象包装，给人良好的第一印象。

一、仪容

1. 头发

头发应洁净、整齐，无头屑，不染发，不留奇异发型；男性不留长发；女性不佩戴华丽头饰。

2. 眼睛

眼睛应无眼屎、无睡意、无充血、不斜视；如果佩戴眼镜，眼镜应端正、洁净、明亮，不戴墨镜或有色眼镜；女性不画过浓眼影，不使用人造假睫毛。

3. 耳朵

耳朵应内外干净，无耳屎；女性不戴夸张耳环。

4. 鼻子

鼻子应鼻孔干净，不流鼻涕，鼻毛不外露。

5. 胡须

胡须应刮干净或修整齐，不留长胡须、八字胡或其他怪状胡须。

6. 嘴

牙齿应整齐洁白，无口气，嘴角无污渍；接待客人时不嚼口香糖等食物；女性不用深色或艳色口红。

7. 脸

脸应洁净，无明显粉刺；女性适度施粉，不留痕迹。

8. 脖子造型

脖子上不戴夸张项链或其他装饰物。

9. 手

手应洁净；指甲应整齐，不留长指甲，不涂指甲油；不戴结婚戒指以外的其他戒指。

二、仪表

1. 帽子

帽子应整洁、端正，颜色和造型符合自己的年龄与身份。

2. 衬衣

衬衣领口与袖口应保持洁净，扣上风纪扣，不挽袖子；款式、质地、颜色应与其他服饰相搭配，并符合自己的年龄、身份和公司的风格。

3. 领带

领带应端正整洁，不歪不皱；款式、质地、颜色应与其他服饰相搭配，并符合自己的年龄、身份和公司的风格，不宜过分华丽和耀眼。

4. 西装

西装应整洁、笔挺，背部无头发或头屑；不打皱，不过分华丽；款式、质地、颜色应与衬衣、领带和西裤相搭配。与人谈话或打招呼时，应将西装第一个纽扣扣上；上口袋不要插笔，所有口袋不要因放置钱包、名片、香烟、打火机等物品而鼓起来。

5. 胸饰

胸卡、徽章应佩带端正，不佩带与工作无关的胸饰。

6. 皮带

皮带系腰位置应高于肚脐，松紧适度，不要选用款式怪异的皮带头。

7. 鞋袜

鞋袜应搭配得当，袜子干净无异味，系好鞋带；鞋面洁净亮泽，无尘土和污物；鞋底不宜钉铁掌；鞋跟不宜过高、过厚或怪异；不可露出腿毛；女性应穿肉色短袜或长筒袜，且袜子不能脱落或脱丝。

8. 着装色彩

全身着装控制在三种颜色以内。

三、交往礼仪

1. 自我介绍

在不妨碍他人工作和交流的情况下进行自我介绍，内容应包括所在公司名称、职位、姓名，并且要给对方一个自我介绍的机会。

2. 介绍他人

介绍他人时应把职位低者、晚辈、男士、未婚者分别介绍给职位高者、长辈、女士和已婚者，介绍时介绍人不可单指指人，而应掌心朝上，手指微微张开，指尖向上，应避免对某个人特别是女性的过分赞扬。坐着时，除职位高者、长辈和女士外，应起立，但在会议、宴会进行中不必起立，被介绍人只要微笑点头示意即可。

3. 称呼

按照国际惯例，称男性为先生，称未婚女性为小姐，称已婚女性为女士、夫人或太太。按照中国习惯，可以称为同志、大爷、大叔、大妈、大娘、大哥等，还可以根据行政职务、技术职称、学位、职业来称呼。称呼随时代而变化，服务业（酒店、餐饮）人员过去被称为服务员，现在大都被称为先生、女士。

4. 点头致意

点头致意适合于比较肃静的场合（如图书馆、音乐厅、电影院等）或特定场合（如酒会、舞会等）。经常见面的人相遇时，可点头相互致意，而不必用有声语言来问候。在社交场合遇见仅有一面之交者，也可相互点头致意。点头时应面带微笑，头部微微向下一点即可。

5. 男士与女士交往的礼仪

为安全考虑，并肩行走时女士在右，前后行走时女士在前（除非前面有障碍物或危险），上楼时女士在前，下楼时则女士在后。

乘车时，如不拥挤，男士应先上车，接应女士或为女士找座位。到站后，男士应先下车，接应女士。乘出租车时，男士后上先下，协助女士拉开和关闭车门，男士应坐在女士旁边，或坐在司机旁边。

就餐时，在餐厅约会，男士不能迟到。同时到餐厅时，男士应在旁协助女士先进门、入座。点菜时应先征求女士意见，但叫菜、买单应由男士负责（女士事先提出做东的情况除外）。用餐时男士应照顾身边的女士。用餐后，男士应协助女士拿东西，并走在前面开门。

社交活动时，先向女主人问候，女主人走来时，应当起立。与站着的女士交谈时不能坐着，与陌生女士交谈要有分寸。

6. 交换名片的礼仪

名片放在衬衣左侧口袋或西装的内侧口袋，口袋不要因放置名片而鼓起，也不要将名片放在裤袋里。会客前应检查和确认名片夹内是否有足够的名片。

递出名片时右手的拇指、食指和中指合拢，夹着名片的右下部分，使对方好接拿，右手以弧形的轨迹递交于对方的胸前。接名片时应用双手，认真过目，然后放入自己名片夹的上端。同时交换名片时，可以右手递名片，左手接名片。

忌讳无意识地玩弄对方的名片；把对方的名片放入裤兜里；当场在对方名片上写备忘的事情；先于上司向客人递交名片。

7．电话礼仪

电话铃声响起时应迅速接听，并首先自报家门。

迅速给出答复：回答、拒绝或转其他同事。

适当地记录通话细节。

拨通电话前先打好草稿。

迅速切入正题。

使用电话敬语。

等待对方挂断后再挂电话。

同事不在时帮助接听电话，并记录留言。

四、站姿、坐姿、蹲姿

1．站姿

站立时应抬头，目视前方，挺胸直腰，肩放平，双臂自然下垂，收腹，双腿并拢直立，脚尖分开呈V字形，身体重心放到两脚中间，也可两脚分开，比肩略窄，双手交叠，放在腹前或背后。

开会时，男性员工应两脚分开，比肩略窄，双手交叠放在背后；女性员工应双脚并拢，脚尖分开呈V字形，双手合起放于腹前。

2．坐姿

男性一般从椅子的左侧入座，身体紧靠椅背，挺直端正，不要前倾或后仰，双手舒展或轻放于膝盖上，双脚平行，间隔一个拳头的距离，大腿与小腿呈90度角。如坐在深而软的沙发上，应坐在沙发前端，不要仰靠沙发，以免鼻毛外露。女性应双脚交叉或并拢，双手轻放于膝盖上，嘴微闭，面带微笑，两眼凝视说话对象。

忌讳翘二郎腿、脱鞋、把脚放到自己面前的桌椅上或架在别人面前的桌椅上。

3．蹲姿

一脚在前，一脚在后，两腿向下蹲，前脚全着地，小腿基本垂直于地面，后脚跟提起，脚掌着地，臀部朝下。

五、行走、鞠躬、视线、间距

1．行走

男士行走应抬头挺胸，步履稳健、自信，避免八字步。女士行走时应挺直脊背，双脚平行前进，步履轻柔自然，避免做作。

2．鞠躬

鞠躬时，应从心底里发出向对方表示感谢和尊重的意念，从而体现在行动上给对方留下诚恳、真实的印象。

鞠躬的场合与要求：对客人表示感谢或回礼时，应行15度鞠躬礼；遇到尊贵客人来访时，应行30度鞠躬礼。行礼时应面对客人，并拢双脚，视线由对方脸上落至自己的脚前1.5米处（15度礼）或脚前1米处（30度礼），男性双手放在身体两侧，女性双手合起放在身体前面。

3. 视线

与顾客交谈时，两眼视线应落在对方的鼻间，偶尔也可以注视对方的双眼。恳请对方时，应注视对方的双眼。为表示对顾客的尊重和重视，切忌斜视或看他人他物，避免让顾客感到你心不在焉。

4. 间距

当与顾客比较熟悉的情况下，应该保持70~80厘米的距离；当比较陌生的情况下，应该保持1~1.2米的距离。

六、手势

1. 指引

需要用手指引某样物品或接引顾客时，应拇指向内侧轻轻弯曲，其他手指靠拢，指示方向。

2. 招手

向远距离的人打招呼时，伸出右手，右胳膊伸直高举，掌心朝着对方，轻轻摆动，不可向上级和长辈招手。

3. 握手

握手时手要洁净、干燥和温暖，并且应先问候再握手。握手时应伸出右手，手心朝左，五指并拢，然后稍许一握，时间以3秒钟左右为宜。与多人握手时，应遵循先尊后卑、先长后幼、先女后男的原则。若戴着手套，应先脱手套再握手，切忌戴着手套握手或握完手后擦手。握手时，应注视对方，不要旁顾他人他物，用力要适度，切忌手脏、手湿、手凉或用力过大，与异性握手时用力要轻，时间要短，不可长时间握手和用力握手。握手时应掌心向上，以示谦虚和尊重，切忌掌心向下。为表示格外尊重和亲密，可用双手与对方握手。

4. 共乘电梯的手势

先"叫"电梯，让客人先进，若客人不止一人，可先进电梯，一手按"开"，一手挡住电梯侧门，对客人礼貌地说："请进！"进入电梯后，按下客人要去的楼层数字。在电梯中应侧身面对客人，如无旁人，可略做寒暄，如有他人，应主动询问去几层，并帮忙按钮。到达目的地后，一手按"开"，一手做请的动作，说："到了，您先请！"客人走出电梯后，自己立即步行出电梯，在前面引导方向。

第二部分　实训环节

一、实训准备与安排

1．实训时间

实训周期2周，课堂展示时间2课时，共30人。

2．实训地点

服装营销实训室。

3．实训材料

凳子、筷子、皮鞋。

4．实训前的准备

熟悉并掌握商务活动中仪容仪表、站姿、坐姿、蹲姿、行走、手势等肢体行为的标准动作与基本要求，能够充分利用所学知识合格地完成服装卖场中的各项工作任务。

二、实训内容与要求

1．实训内容

（1）对本项目理论知识进行认真学习。

（2）根据本项目实训指导进行卖场仪容仪表、站姿、坐姿、蹲姿、行走、手势等肢体行为练习。

（3）模拟真实购物环境，对该节内容进行实操演练。

2．实训要求

（1）要求学生掌握卖场仪容仪表、站姿、坐姿、蹲姿、行走、手势等肢体行为的基本内容，做好实训前的知识准备。

（2）要求教师在实训过程中做好组织工作，给予必要的、合理的指导，使学生加强对知识的理解，并提供视频资料供学生观摩学习，提高实际应用和操作的能力。

三、实训组织方法与步骤

（1）将学生分为若干小组，每组8~10人，每组设组长1名，负责组织本组成员进行实训。

（2）各小组讨论分析研究实训要求，确定工作内容，并由组长确定具体人员分工。

（3）实训前，教师先对实训中用到的设备和仪器对培训组长进行操作使用训练，再由各组组长对本组成员进行设备和仪器的操作使用培训。

（4）组长组织小组讨论，对实训安排和指导情况进行书面汇报。

（5）随机抽调各组成员进行卖场仪容仪表、站姿、坐姿、蹲姿、行走、手势等肢体行为的展示。

（6）其他组同学点评，然后教师讲评。

四、实训考核（表1-1）

表1-1 实训考核评分表　　　　　　　　　　　　　　　单位：分

考核项目	分值
仪容仪表	25
站姿、坐姿、蹲姿	35
行走、鞠躬、视线、距离	15
肢体语言	25
合计	100

五、实训指导

（一）站姿训练

1. 站姿训练

站姿应头放正、肩端平、手臂自然下垂、上身挺直、双腿并拢，身体重心落在脚上，从侧面看，头部、肩部、上体与下肢应在一条垂直线上。

（1）九点靠墙：后脑、双肩、双臀、两小腿、两后脚跟九点紧靠墙面，并由下往上逐步确认各部位是否规范。

（2）女士脚跟并拢，脚尖分开不超过45度，两膝并拢；男士双脚分开站立与肩同宽。

（3）立腰、收腹，使腹部肌肉有紧绷的感觉；收紧臀肌，使背部肌肉也同时紧压脊椎骨，感觉整个身体在向上延伸。

（4）挺胸，双肩放松、打开，双臂自然下垂于身体两侧。

（5）使脖子有向上延伸的感觉，双眼平视前方，脸部肌肉自然放松。

2. 手位（图1-1）

站立时，双手可采取下列手位之一：

（1）双手置于身体两侧，如图1-1（a）所示。

（2）右手搭在左手上，叠放于体前，如图1-1（b）所示。

（3）双手叠放于体后，如图1-1（c）所示。

（4）一手放于体前一手背在体后，如图1-1（d）所示。

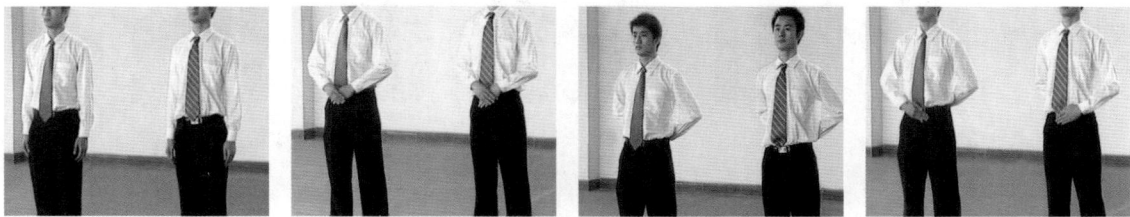

（a）双手置于身体两侧　　（b）右手搭在左手上，叠放于体前　　（c）双手叠放于体后　　（d）一手放于体前一手背在体后

图1-1 站姿手位

3. 脚位（图1-2）

站立时可采取以下几种脚位：

（1）"V"字形，如图1-2（a）所示。

（2）双脚平行分开不超过肩宽，如图1-2（b）所示。

（3）小"丁"字形，如图1-2（c）所示。

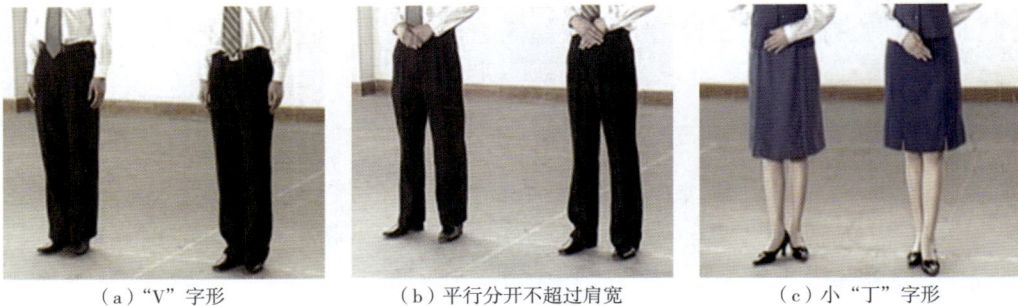

（a）"V"字形　　　　（b）平行分开不超过肩宽　　　　（c）小"丁"字形

图1-2　站姿脚位

4. 几种基本站姿

（1）男士的基本站姿，如图1-3所示。

①第一种站姿。身体立直，抬头挺胸，下颏微收，双目平视，嘴角微闭，双手自然垂直于身体两侧，双膝并拢，两腿绷直，脚跟靠紧，脚尖分开呈"V"字形，如图1-3（a）所示。

②第二种站姿。身体立直，抬头挺胸，下颏微收，双目平视，嘴角微闭，双脚平行分开，两脚间距不超过肩宽，一般以20cm为宜，双手手指自然并拢，右手搭在左手上，轻贴于腹部，不要挺腹或后仰，如图1-3（b）所示。

③第三种站姿。身体立直，抬头挺胸，下颏微收，双目平视，嘴角微闭，双脚平行分开，两脚间距不超过肩宽，一般以20cm为宜，双手在身后交叉，右手搭在左手上，贴于臀部，如图1-3（c）所示。

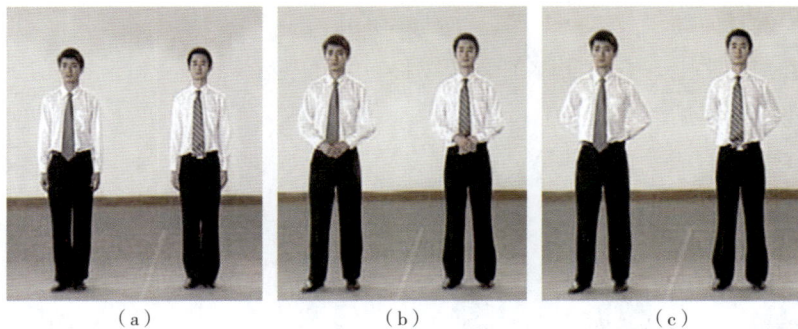

（a）　　　　　　（b）　　　　　　（c）

图1-3　男士基本站姿

（2）女士的基本站姿，如图1-4所示。

①第一种站姿。身体立直，抬头挺胸，下颏微收，双目平视，嘴角微闭，面带微

笑，双手自然垂直于身体两侧，双膝并拢，两腿绷直，脚跟靠紧，脚尖分开呈"V"字形，如图1-4（a）所示。

　②第二种站姿。身体立直，抬头挺胸，下颏微收，双目平视，嘴角微闭，面带微笑，两脚尖略分开，右脚在前，将右脚跟靠在左脚脚弓处，两脚尖呈"V"字形，双手自然并拢，右手搭在左手上，轻贴于腹前，身体重心可放在两只脚上，也可放在一只脚上，并通过重心的移动减轻疲劳，如图1-4（b）所示。

（a）　　　　　　　　　　　　　　（b）

图1-4　女士基本站姿

（二）坐姿训练

1．正确的坐姿要求（图1-5）

（1）入座时要轻稳。

（2）入座后上体自然挺直，挺胸，双膝自然并拢、弯曲，双肩平直放松，双臂自然弯曲，双手放在双腿上或椅子、沙发扶手上，掌心向下。

（3）头放正、嘴角微闭，下颏微收，双目平视，面容平和自然。

（4）坐在椅子上，应坐满椅子面的2/3，脊背轻靠椅背。

（5）离座时，要自然稳当。

坐姿忌讳事项：

（1）坐时不可前倾后仰或歪歪扭扭。

（2）双腿不可过度叉开，或长长地伸出。

（3）坐下后不可随意挪动椅子。

（4）不可将大腿并拢时小腿分开，或双手放于臀部下面。

（5）不可翘"二郎腿"或"4"字形腿。

（6）腿、脚不可不停地抖动。

（7）不要猛坐猛起。

（8）与人谈话时不要用手支着下巴。

（9）坐沙发时不应太靠里面，不能呈后仰状态。

（10）双手不要放在两腿中间。

（11）脚尖不要指向他人。

（12）不要脚跟落地、脚尖离地。

（13）不要双手撑椅。

（14）不要把脚架在椅子、沙发扶手或茶几上。

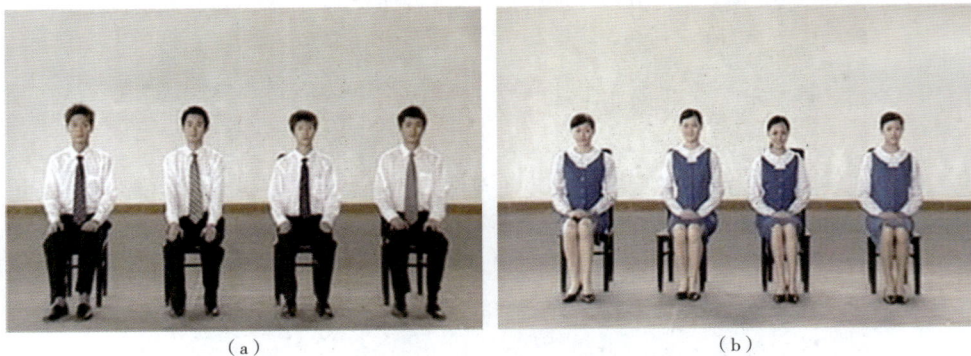

（a）　　　　　　　　　　　（b）

图1-5　坐姿要求

2．**双手的摆法**

坐着时双手可采取下列手位之一：

（1）双手平放在双膝上，如图1-6（a）所示。

（2）双手叠放，放在一条腿的前中部，如图1-6（b）所示。

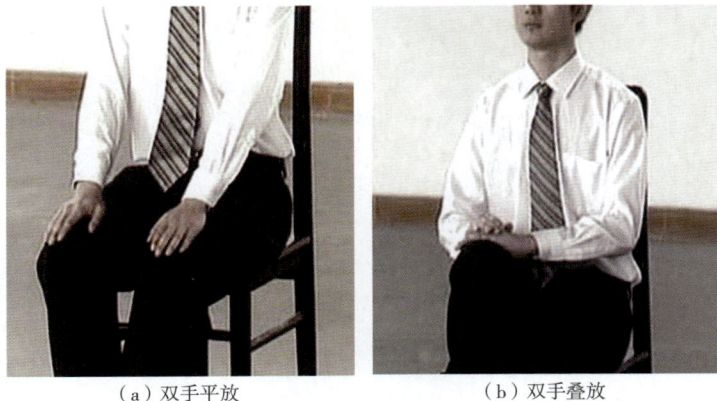

（a）双手平放　　　　　　　（b）双手叠放

图1-6　双手的摆法

3. 双腿的摆放姿势

女士坐姿双腿摆放姿势：

①标准式，如图1-7（a）所示。

②侧腿式，如图1-7（b）所示。

③前交叉式，如图1-7（c）所示。

④后点式，如图1-7（d）所示。

⑤曲直式，如图1-7（e）所示。

⑥侧挂式，如图1-7（f）所示。

⑦重叠式，如图1-7（g）所示。

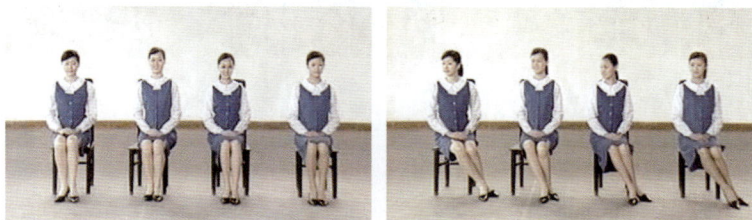

（a）　　　　　　　　　　（b）

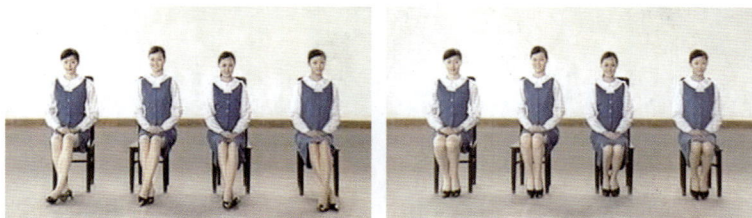

（c）　　　　　　　　　　（d）

（e）　　　　　　（f）　　　　　　（g）

图1-7　女士坐姿双腿摆放姿势

男士坐姿双腿摆放姿势：

①标准式，如图1-8（a）所示。

②前伸式，如图1-8（b）所示。

③前交叉式，如图1-8（c）所示。

④交叉后点式，如图1-8（d）所示。

⑤曲直式，如图1-8（e）所示。

⑥重叠式，如图1-8（f）所示。

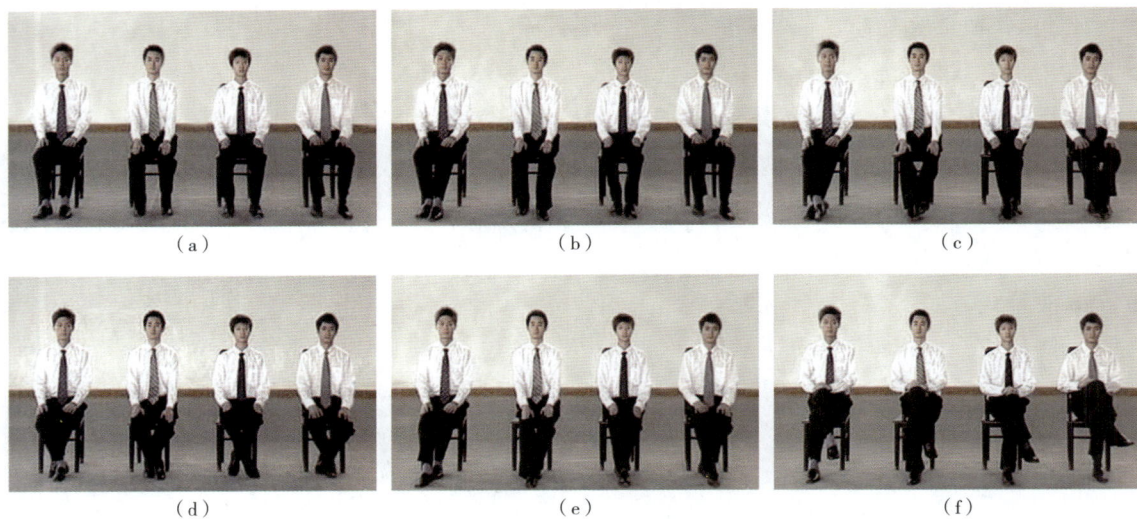

图1-8 男士坐姿双腿摆法

4. 坐下姿势（图1-9）

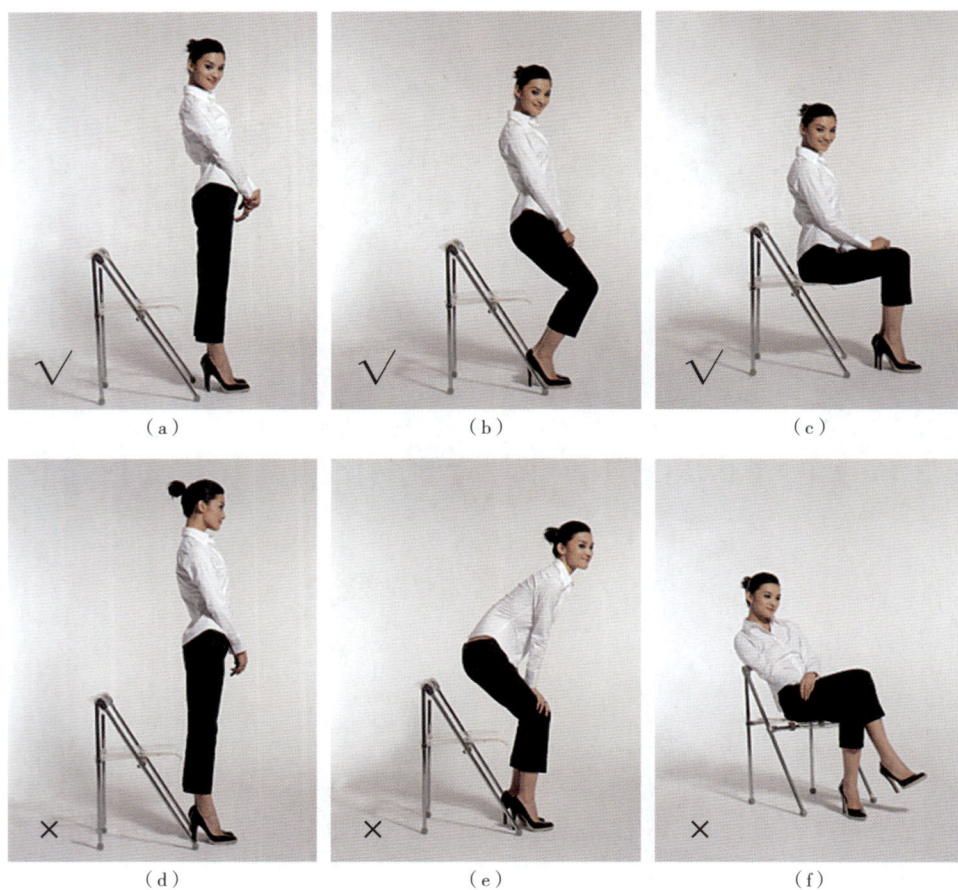

图1-9 女士坐下正确姿势

（三）蹲姿

1. 高低式蹲姿

下蹲时一般是左脚在前，右脚在后。左脚应完全着地，小腿基本垂直于地面；右脚则应脚掌着地，脚跟提起。右膝须低于左膝，右膝内侧可靠于左小腿的内侧，形成左膝高、右膝低的姿态，如图1-10（a）所示。

2. 女士交叉式蹲姿

下蹲时，上身略向前倾，臀部朝下。右脚在前、左脚在后，右腿在上，左腿在下，两者交叉重叠。右小腿垂直于地面，全脚着地。左膝由后下方伸向右侧，左脚脚掌着地，脚跟抬起。两腿前后靠近，合力支撑身体，如图1-10（b）所示。

|（a）|（b）|

图1-10 蹲姿

3. 蹲姿注意事项

若用右手捡物品，可以先走到物品的左边，左脚向后退半步后再蹲下。脊背保持挺直，臀部一定要蹲下来，避免弯腰翘臀的姿势。男士两腿间可留有适当的缝隙，女士则要两腿并紧，穿旗袍或短裙时需更加留意，以免产生尴尬。

（四）行走姿势

1. 正确的走姿要求

头放正；肩自然放平；身体直立挺拔；走路保持直线、步幅适中，步速平稳。

2. 转变方向时的行走规范

（1）后退步。向他人告辞时，应先向后退两三步，再转身离去。退步时，脚要轻擦地面，不可高抬小腿，后退的步幅要小。转体时要先转身体，稍候再转头。

（2）侧身步。当走在前面引导顾客时，应尽量走在顾客的左前方。髋部朝向前行的方向，上身稍向右转体，左肩稍前，右肩稍后，侧身向着顾客，与顾客保持两三步的距离。当走在较窄的路面或楼道中与人相遇时，也要采用侧身步，两肩一前一后，并转身面向他人，不可将后背转向他人，如图1-11所示。

图1-11　侧身行走

3. 走姿训练

（1）训练内容：摆臂训练；步位步幅训练；稳定性训练；协调性训练。

（2）训练方法：在老师的指导或他人的帮助下，进行训练，或自己对着镜子练。在地上放一长绳进行步位训练。头顶物品（如书本等）进行平衡训练。

（3）服装店铺销售人员走位注意事项如下。

①以前为尊，右边大，左边小为原则。

②三人行，如全为男士，则以中间位为尊，右边次之，左边为末。如一男二女同行，则男士应在最左侧的位置。

③多名顾客同行依前后秩序，以最前面为主。

④在行走时应该靠右侧，将左侧留给急行的人，乘坐滚梯时也如此。

⑤在店铺内部行走，员工人数超过三人（含三人）应自然成队，原则上不能并列行走。

⑥在走廊等狭窄空间行走时，如需侧身通行，应正面对他人的正面，不能背对别人的正面，如果两个员工相遇需侧身通过，旁边还有其他客人，员工之间可背对背通行，正面对其他客人。

（4）不雅走姿如下。

①走路方向不定，忽左忽右。

②走路姿势不合宜，摇头、晃肩、扭臀。

③扭来扭去的"外八字"步和"内八字"步。

④左顾右盼，重心后坐或前移。

⑤与多人走路时勾肩搭背、奔跑蹦跳、大声喊叫等。

⑥双手反背于背后。

⑦双手插入裤袋，双手过于摆动，臀部扭动过大，使人觉得非常生硬。

⑧头部仰得过高，给人以傲慢之感。

项目二　服装终端卖场播音

实训目的	本项目旨在通过学习卖场播音稿件，模拟卖场播音训练，使学生熟练掌握卖场播音稿的写作内容与技巧及现场播音的发音技巧等。

第一部分　理论知识

情动于内、生发于外，情是内涵、声是形式，声是为传情而发。播音员必须学会驾驭自己的声音，掌握正确的发生方法，努力练习播音技巧。

一、播音员需要什么样的声音

广播内容是通过播音员的声音送达到听众耳中，要听众感到真实可信，播音员用声必须朴实自然。为了满足传情达意的需要，播音员的声音必须富有活力、色彩鲜明、变化自如。

对播音员的声音具体要求：

1. 准确规范、清晰流畅

播音员朗读不能垒块、蹦字，多读文学作品、散文让声音自然。

2. 圆润集中、朴实明朗

播音员声音要润泽不干涩，吐字要珠圆玉润、声音不散、字音不瘪。

3. 刚柔并济、虚实结合

发音吐字要有韧性、弹性，能刚能柔、有虚有实。由于性格、性别不同，男生声音较刚健、女生声音较柔美。

4. 情感丰富、变化自如

人的感情不断变化，声音情感是在对比变化中体现出来的，声音情感越丰富、细致，越有表现力。

二、正确处理情与声的关系

1. 以情代声，以声带情

播音员的发声是为了传情达意，声音只是表达内容的一种手段，声音应随内容变化，让听众可以忘记声音，为内容所陶醉。

2. 以情带声，以声传情

领会书面材料中的情感，以情感来带动声音；发声后要检验是否合情。

三、播音员需用气发声

1. 发声器官及发声原理

（1）发声器官有呼吸器官、喉头和声带、口腔和鼻腔、咬字器官。呼吸器官从人言语功能角度看包括呼吸通道、胸腔、腹肌。

（2）发声主要是靠胸腔的扩大和缩小，吸气肌肉群在收缩时胸腔扩大，内部气压小于体外气压。我们所呼出的气息是人体发声的动力，人声音的强弱高低长短以及共鸣状况都与呼出气流的速度、流量压力的大小有直接关系。气息是情与声之间必经的桥梁，只有在气随情动的情况下，声才能随情感而发生变化，从某种意义上说气息控制就是由情及声，由内及外的一种贯穿性技术。

2. 播音员发声的呼吸方式

人在安静时的呼吸多数是腹式呼吸，这时人的胸廓无明显的活动，主要靠隔膜肌。胸式呼吸方法叫浅呼吸，腹式呼吸方法叫深呼吸。有控制的胸腹式联合呼吸方法调动了所有呼吸肌肉一起运动，不仅扩大了胸腔容量而且便于控制。吸气量大建立在胸腹腔隔膜基础上，可产生坚实响亮的声音，是多种音色变化的基础。联合呼吸要领如下：

（1）两肋开：两肩自然下垂，口鼻同时进气将气吸至肺里，此时下肋向左右展开，胸部稍向前挺。

（2）横膈降：横膈膜收缩下降再加上两肋的展开，使胸腔扩大，有效地增加了气息的容量。

（3）小腹收缩：在吸气的同时，腹部肌肉在中心位置（丹田）收缩，小腹被称为气根，气息的支撑点。呼气过程中小腹的自然收缩使两肋及横膈膜不致迅速恢复原位。

呼吸时要靠吸气的肌肉群来控制稳劲的状态，意识上要使吸气感觉大于呼气感觉，操作时不用考虑呼气，考虑吸气就可以，这就是常说的呼气要有吸气的感觉。

呼吸控制的基本要求：呼吸时吸得多，用得少。简单地说就是稳劲、持久、自如。

（1）稳劲：汉语中有相当多的音节都带有爆发性质，若呼吸控制不好，会出现头重脚轻的现象。播音稿件时要求吸气无声，平稳吸气以减少声带的损耗，保持悦耳的声音，有利于稿件内容的表达。播音员要有较强控制能力。

（2）持久：在播音时，为了完整表达语意常须一口气说出较多的字。

（3）自如：播音要靠自己独特的语音表现来表达稿件的内容，控制方式的僵持和单一会造成声音色彩的单一化，从而影响播音的质量，在表现作品的内容时，为用准确的声音色彩反映丰富的内容。

四、播音发声练习

1. 口唇练习

口的开合练习——张嘴像打哈欠，闭嘴如啃苹果。咀嚼练习——张口咀嚼与闭口咀嚼结合进行，舌自然放平。双唇练习——双唇打响，向前后左右闭拢转圈。

2. 吸气练习

到花园闻花香，寻找沁人心脾的感觉；到食堂闻饭菜香，感受收入肺底的感觉；向上抬重的物体，感受腰、小腹用力之处。

3. 呼气练习

吹蜡烛，让火焰尽可能小而又不熄灭。

4. 放松练习

放松练习的几种技巧：

（1）体会胸腔共鸣：微微张开嘴巴，放松喉头，闭合声门（声带），像金鱼吐泡一样轻轻地发声；或者低低的哼唱，体会胸腔的震动。

（2）喉部放松降低喉头的位置。

（3）打开牙关：即打开上下排大牙齿（槽牙），给口腔共鸣留出空间，用手去摸摸耳根牙齿的位置，看看是否打开了。然后发出一些元音，如"a"，感觉自己声音的变化。

（4）提颧肌：微笑着说话，嘴角微微向上翘，同时感觉鼻翼张开。试试声音是不是更清亮了。

（5）挺软腭：打一个哈欠时长啸一声。

在播音发声的整个过程中，始终保持松弛状态，意识和身体肌肉越放松，越能发挥出声音的魅力，突出声音的个性特点，整个播音创作过程才能收纵自如、得心应手。

放松是相对于紧张而言的，可以解释为，人的心理和生理的充分松弛（不是松懈），心理与生理保持本来的自然状态，使人所具有的能力正常发挥的状态。

在播音员发声中，发声器官任何部位的紧张感都将导致声音的僵持和气息的阻隔。有的播音员由于紧张而使声音暗、哑、横，声音的干净度、明亮度、圆润度较差。不能放松的原因是多种多样的，一是不懂发声方法，以为发声就是用力；二是心理紧张，如怕发不好、发不准等；三是肌肉组织和发声器官不放松。所以，实现心理放松，才能使大脑保持高度的调节能力；实现肌肉组织放松，才能使用气发声的各部位有机地、自然地协调配合运动，使肌肉产生弹性，从而使声音具有弹性。通过练气、练声、发声、吐字、语言组织、感受稿件、情感表达、寻找向人说话感觉的训练，才能使语言传播力求达到字正腔圆、清晰持久、刚柔自如、声情并茂的境界。

5．节奏练习

（1）停连有致、气脉贯通。停连是语言表达中的停顿和续连。停顿有生理和心理的双重需要，停中有续、断中有连；连接是语流语势的内在要求，连中有断、续中有停；连断结合、虚实相生、血脉流畅、气势相通。

（2）重音、语气风骨浑成。重音是最能够体现语句目的的中心词，重在思想，兼有感情，主其骨；语气是语句的内在感情的色彩和分量以及外在的声音形式，重在感情，包含思想，主其风。重音和语气的结合依靠明确的思想和恰当的感情有机融合，也就是指思想感情的交汇融通、风与骨的相辅相成。风与骨是实现气韵美的重要表现形式，"气是风骨之本"，风骨是气的表现形式。在语言传播中，重音和语气就是气韵生成的形式依据。重音在句子中处于中心地位，一句话中一般只有一个重音，与此共存的还有次重音、次轻音和轻音等不同的层次，主次分明是语句目的明晰的重要保证，即骨力浑成的必要条件。语气表现的感情色彩即恰当的声音形式——语势，是语句变化的内在依据和运行态势，语势的变化模式很丰富，如波峰类、波谷类、上山类、下山类、半起类。

（3）节奏律动气象万千。节奏是一定的思想感情的波澜起伏所造成的，是语言传播过程中所显示的抑扬顿挫、轻重缓急的声音形式的回环往复。节奏的类型分为：轻快型、凝重型、低沉型、高亢型、舒缓型、紧张型……各种类型的气息状态、口腔状态、共鸣状态等各不相同。只重语气而轻视节奏，必然会导致有句无篇、零碎无章、气势不足、气象不丰，说话费劲。

6．发音吐字练习

怎样才能做到发音准确、吐字清晰呢？熟悉语言产生的过程是很有必要的。语言是日常生活中必不可少的一种工具，通过频繁使用而发展成为一种极为有效的表情达意的手段。其实，做到正确发音吐字的途径是多方面的。一是学习语言学的常识，二是养成勤查字典、随时正音的良好习惯，三是广泛地从社会信息中寻求帮助，利用看电视、电影、听广播等有意识的听辨，矫正自己在发音吐字方面的毛病。当然，进行发音吐字的训练不能忽视。

（1）发音器官训练。如口腔开合练习、唇的圆展练习、舌的前伸后缩练习、舌尖练习等，学会灵活控制发音器官的各种活动，能使发出的声音准确、清楚。

（2）声母、韵母练习。声母训练时要严格掌握正确的发音部位和发音方法，找准着力点，使发出的音有弹力；韵母训练时要严格控制口腔的开合、唇形的圆展和舌位的前后。

（3）正音练习。指按照普通话的语音标准，矫正自己的方音、难点音。如平翘舌练习（z-zh，c-ch，s-sh）鼻音、边音练习（n-l）前后鼻韵母（n-ng）及声调练习等。

7．共鸣训练

在声母、韵母、声调都能正确掌握的基础上，还应进一步讲求声音的优美动听。这就需要进行共鸣训练，学会控制胸、口、鼻这三个共鸣器官的方法，使发出的声音圆润悦耳，有如"大珠小珠落玉盘"，使人听后心旷神怡。声音传不远，大致有两个原因：其一是没有充分利用共鸣器官；其二是气息不稳，我们所发出的声响都是依靠两片声带震动，当震动经过了咽、喉、口腔、鼻腔、胸腔等人体自然的空间后被逐渐修饰、放大，形成自己声音的风格，最终传达到听众的耳朵里。当我们用气声说悄悄话的时候，声带并没有震动，仅仅依靠气息的摩擦，再怎样用力，也不会有任何声响，因为没有震动，也就没有共鸣。反之，要追求声音洪亮，一味依靠声带的强烈震动，只能造成声带充血，声音嘶哑。唯一的解决办法就是充分利用共鸣腔，让震动在口腔、鼻腔甚至胸腔得到共鸣，放大，自己的声音才会饱满、圆润、高扬。坚持一段时间的练习和实践，"如何吐字清晰"这个问题就会迎刃而解。

第二部分　实训环节

一、实训准备与安排

1. 实训时间

实训周期2周，课堂展示时间2课时，共30人。

2. 实训地点

服装营销实训室。

3. 实训设备

麦克风、公放机、音响等。

4. 实训前的准备

熟悉并掌握卖场播音的基本技巧，掌握服装卖场播音类别与基本内容，能够在充分掌握播音技巧的情况下进行卖场播音。

二、实训内容与要求

1. 实训内容

（1）学生根据本项目理论知识进行发声练习。

（2）根据本项目实训指导中稿件进行卖场播音内容练习。

（3）模拟真实服装卖场环境，以定期与随机的方式进行卖场播音。

（4）学生根据实训指导中提供的播音内容，自拟题目，进行相关内容写作训练。

2. 实训要求

（1）要求掌握学生发声基本理论，做好实训前的知识准备。

（2）要求教师在实训过程中做好组织工作，给予必要的、合理的指导，使学生掌握卖场播音的基本技能，提高实际应用和操作的能力。

三、实训组织方法与步骤

（1）将学生分为若干小组，每组8~10人，每组设组长1名，负责组织本组成员进行实训。

（2）各小组讨论分析研究实训要求，确定工作内容，并由组长确定具体人员分工。

（3）实训前，教师先培训组长使用实训中用到的设备和仪器，由各组组长对本组成员进行设备和仪器的操作使用培训。

（4）组长组织小组讨论，对实训安排和指导情况进行书面汇报。

（5）随机抽调各组成员进行卖场播音，进行评比，成员成绩代表本组所有成员基本成绩。

（6）其他组同学点评，然后教师讲评。

四、实训考核（表2-1）

表2-1　实训考核评分表

单位：分

考核项目	分值
朗读语速	25
朗读语调	25
广播稿写作	20
朗读流利情况	20
现场气氛营造	10
合计	100

五、实训指导

（一）商场播音技巧

遇到不同的稿件，要运用不同的播音语调。

1. **促销稿**

由于是促销稿，让顾客听到之后能激发其购买的欲望，在带感情的广播同时加上温柔的语调，清晰地让顾客听到促销信息，播音时应语调有致，让声音听上去时急、时缓，烘托出促销的气氛。

2. **挪车位**

由于挪车位是要司机朋友帮忙，必须让司机听清楚车牌号码，语调清晰，声音诚恳，由心里表示感谢。

3. **寻人启事**

用很温柔的语调告诉顾客，有人在某地点等，速去。

4. **寻物启事**

由于丢失东西的顾客很着急，要耐心地告诉捡到东西的顾客把东西送到什么地点，并诚恳地感谢拾金不昧的顾客。

5. 失物招领
需说明物品大致情况，让顾客认领。

（二）稿件的处理

（1）新来稿件，先阅读一遍，再播读。
（2）广告稿件，内容应尽量压缩，在简短的语句中，让顾客认同产品。
（3）广播通知的稿件，应加问候语。
（4）播音练习。

（三）稿件的种类

1. 广播找人、车位、寻物启事的稿件
（1）尊敬的顾客朋友们，您好，欢迎您光临××服装专卖店，本商场现拾获××（钱包/钥匙）如有哪位顾客朋友遗失，请到服务中心认领，谢谢！
（2）尊敬的顾客朋友们，您好，请车号为××的车主听到广播后速回您的车位，谢谢！
（3）尊敬的顾客朋友们，您好，现在有位××小男孩（××小女孩）与家人走失，请××小朋友的家长听到广播后，速到服务中心认领，谢谢！
（4）尊敬的顾客朋友们，您好，现有位××小朋友与家人走失，上身穿××衣服，年龄约××，如果您发现这位小朋友，请您将××小朋友带至服务中心或交给本商场的工作人员，谢谢您的合作！
（5）亲爱的员工朋友们，您好，请××部门××听到广播后，到××，有人找，谢谢！
（6）尊敬的顾客朋友们，您好，刚才有位顾客朋友不慎遗失了一个存包牌（一串钥匙），如有哪位顾客朋友拾获或者发现，请您送至一楼服务中心，谢谢您的合作，××购物广场感谢您的光临，祝您购物愉快！
（7）本商场现拾获一个存包牌（一串钥匙），如有哪位顾客朋友遗失，请您到一楼服务中心认领，谢谢！

2. 温馨提示
（1）亲爱的员工朋友们，大家早上好！我们又满怀激情地迎来了新的一天，昨天的付出意味着今天的收获，今天的辛苦意味着明天的成功，××服装专卖店的成长离不开大家辛勤的汗水，××服装专卖店会因为你们的加入而更加辉煌。在此，我谨代表公司领导对大家的辛勤工作表示衷心的感谢，祝大家工作顺利，心情愉快！
（2）尊敬的顾客朋友们，您好！欢迎您光临××服装专卖店。吸烟有害健康，××服装专卖店为防止意外发生，维持店内空气清新，为给大家营造一个良好的购物环境，敬请各位顾客朋友，不要在商场内吸烟，谢谢您的合作。××服装专卖店，感谢您的光临，祝您购物

愉快！

（3）尊敬的顾客朋友们，您好，欢迎您光临××服装专卖店，××服装专卖店安防部提醒您，在您购物时，为确保您的财产安全，请不要将提包、手袋、手机、钱包等贵重物品，放在购物车或购物篮内，以免给您造成不必要的麻烦，谢谢您的合作。××服装专卖店，感谢您的光临，祝您购物愉快！

（4）尊敬的顾客朋友们，您好，欢迎您光临××服装专卖店。我们今天的营业时间从早晨8：00到晚上10：30，在此期间，我们将为您提供全新舒适的购物环境。××服装专卖店特别为您准备了许多物美价廉的商品，敬请您慢慢选购，如需帮忙，请随时告知我们的工作人员，我们将有专人为您热忱服务。××服装专卖店，感谢您的光临，祝您购物愉快！

3. 购物提示

（1）尊敬的顾客朋友们，您好，本店在××区为您推出的特价商品已全部售完，请您不要在卖场内等待，××服装专卖店，感谢您的光临，祝您购物愉快！

（2）尊敬的顾客朋们，您好，欢迎您光临××服装专卖店，为了保证广大顾客的人身安全，我们将临时取消××的特价销售活动，活动将改为××举行，请您不要在卖场内等待，请您前往其他区域选购商品。如有造成您的不便，敬请原谅，××服装专卖店，感谢您的光临，祝您购物愉快！

（3）尊敬的顾客朋友们，您好，欢迎光临××服装专卖店。现因收银区等待结账的顾客众多，请您准备好零钱耐心等候，依序结账，我们将尽快为您服务。若有不便之处，敬请原谅，××服装专卖店感谢您的光临，祝您购物愉快！

（4）尊敬的顾客朋友们，您好，欢迎您光临××服装专卖店，现因收银系统调整，暂时不能为您结账，请您安心购物，我们将尽快为您服务，若有不便之处，敬请原谅，谢谢！

（5）尊敬的顾客朋友们，您好，欢迎您光临××服装专卖店，现因收银系统处于断网状态，可能会造成部分商品，价格不符，如有哪位顾客发现有价格不符的问题，请您持购物小票，到服务中心退取差价，若有不便之处，敬请原谅。××服装专卖店，感谢您的光临，祝您购物愉快！

（6）下面广播通知，现因收银系统已恢复正常，请各位收银员听到广播后进入正常收银状态，为表示对广大顾客的歉意，我公司特在××区推出部分特价商品，欢迎您前往选购。××服装专卖店，感谢您的光临，祝您购物愉快！

4. 广播通知

（1）亲爱的员工朋友们，下面广播通知，现因电力系统正在连接，可能于××点至××点停电，请员工朋友们，相互转告，停下手中工作，及时清理现场，并按顺序退离卖场，如造成您的不便，敬请原谅，谢谢您的合作！

（2）尊敬的顾客朋友们，请注意，现因电力系统受阻，暂时停电，请您不要惊慌，耐心等待，本店将启动应急供电设备，若有不便之处，敬请您的原谅，××服装专卖店，感谢您的光临，敬祝您购物愉快！

（3）尊敬的顾客朋友们，您好，现电力系统已恢复正常，请您安心购物，××购物广场，感谢您的光临，敬祝您购物愉快！

（4）尊敬的顾客朋友们，请注意：目前××区发生火警，请大家暂时停止一切购物活动，请勿惊慌，请遵守本店服务人员指挥，朝安全门方向疏散，遇有浓烟之处，请尽量将姿势放低，请按消防疏散指示，由消防通道疏散，谢谢您的合作！

（5）各位员工请注意，现××区出现大面积火灾，请就近按照安防部的指挥，从安全出口疏散，疏散过程中请各位同事不要惊慌，有次序向安全地带疏散，谢谢您的合作！

5. 员工盘点

（1）各位同事晚上好，大家辛苦了，请大家抓紧时间，加快动作，及早结束盘点，在此，我谨代表公司领导对大家的辛勤工作表示衷心的感谢，祝大家盘点顺利。

（2）各位同事大家好，目前盘点工作进行的十分顺利，请大家继续努力，抓紧时间加快速度，在此，我谨代表公司领导对大家的辛勤工作表示衷心的感谢，祝大家盘点顺利！

（3）各位同事晚上好，大家辛苦了，现在盘点工作已接近尾声，请大家抓紧时间对商品进行归位，整理、清洁，在此，我谨代表公司领导对大家的辛勤工作表示衷心的感谢！

（4）各位同事大家好，在大家的共同努力下，盘点工作已圆满结束，在此，我谨代表公司领导对大家的辛勤工作表示衷心的感谢！大家回家时注意安全，祝大家晚安。

6. 送宾词

周一至周四20：30和周五至周日21：00广播送宾词

（1）尊敬的顾客朋友们，您好！欢迎您光临××服装专卖店，在顾客朋友的关心和厚爱中，我们一起度过了繁忙而愉快的一天，感谢您对本商场的支持与惠顾，我们今天的营业时间是从早上8：30到晚上9：00（9：30），现在距离营业结束时间还有30分钟，请您尽快选好自己所需的商品到收银台结账，如有不便，敬请原谅！××服装专卖店，感谢您的光临，祝您购物愉快！

（2）尊敬的顾客朋友们，您好！欢迎您光临××服装专卖店，本公司今天的营业时间即将结束，请您尽快选好自己所需的商品到收银台结账，如造成不便，敬请原谅！××服装专卖店，感谢您的光临，祝您购物愉快！

（3）尊敬的顾客朋友们，您好！欢迎您光临××服装专卖店，本公司今天的营业时间已经结束了，非常感谢您的光临，我们明天的营业时间是从早上8：30到晚上9：00（9：30），××服装专卖店感谢您的光临，敬祝您购物愉快！（放送宾曲）

项目三 服饰系结与服装折叠方法

实训目的

本项目旨在通过日常服装与服饰的折叠与整理训练，要求学生掌握基本款型服装的折叠方法及基本服饰系结类别，达到服装卖场及社交场合的要求与标准。

第一部分 理论知识

一、服饰系结

（一）领带的打法

1.打领带的基本方法

领带打法有很多种，并且在不断创新。最经典、最常见的领带打法有温莎结、半温莎结、平结和普瑞特结4种。以这4种最基本、最经典的领带打法为基础，通过实训练习，学会如何打领带。

衬衫和领带搭配需要遵循一个基本原则：衬衫的领角越大，领带结就要系得越大，反之领角越小，领带结就要系得越小；衬衫的领座越高，那么领带结就该系得长一些，相反就需要系得短一些。温莎结宽厚饱满，显得保守庄重，适用于正式场合；半温莎结中正平和，适用于大多数场合；平结最为大众化，不对称的斜三角形，几乎在任何场合都适用。

2.打领带的6个基本动作

不管多么复杂的领带打法，都由下面6个基本动作组合而成。领带和领带结把领带区域自然的分成三块，分别为左（L）、中（C）、右（R）三个区域（图3-1）；穿插移动的领带头，运动方式只有两种，一种是出来，用⊙表示，一种是进去，用⊗表示。这两个打领带有6个基本动作，如图3-2所示，分别是：左⊙（从左边出来）；中⊙（从中间出来）；右⊙（从右边出来）；左⊗（从左边进去）；中⊗（从中间进去）；右⊗（从右边进去）。图示的左边、中间、右边就是镜像的左边、中间、右边。符号

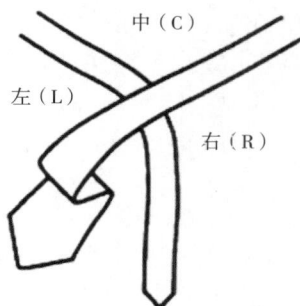

图3-1 领带分区

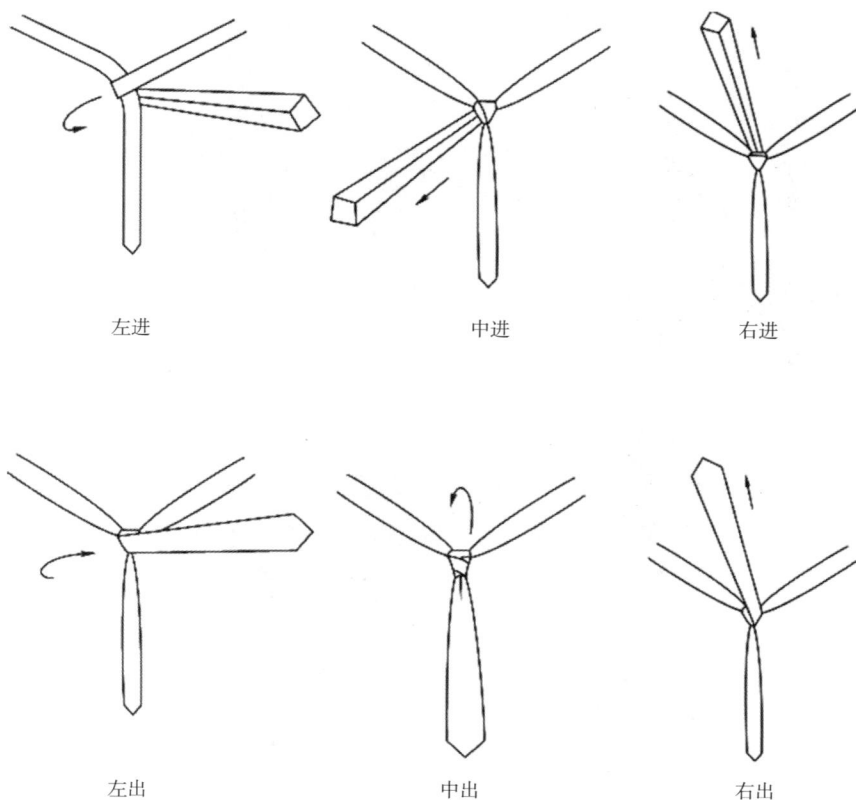

左进　　　　　　　　中进　　　　　　　　右进

左出　　　　　　　　中出　　　　　　　　右出

图3-2　领带系法的六个基本动作

就像一支箭。如果是从里面穿出来，先看到的是箭头部分，因此是⊙，而如果箭是朝里面穿过去，那么看到的就只有箭尾的⊗。而且⊙和⊗一定是交替排列，一定是⊙⊗⊙⊗或者⊗⊙⊗⊙，不会出现⊙⊙⊗⊗的情况。

3. **领带的基本打法**

（1）平结（Plain Knot）。平节又称四手结（Four In Hand），是最常用的领带打法，也是最经典的领带打法，这种打法早在19世纪50年代就被运用。这种领结虽然结型不太对称，呈斜三角造型，但其风格简洁，且为历史记载最早的领带打法，风格简练所以依然适应多种场合，适用于大多数领型。

平结适合领型：除温莎领、意大利领等宽角领之外所有领型，最适合与小方领搭配。

平结推荐使用轻薄的真丝中宽领带或者窄款领带。

平结打法口诀：右撇子：左⊗→右⊙→左⊗→中⊙→结；左撇子：右⊗→左⊙→右⊗→中⊙→结。

平结打法操作步骤如图3-3所示，图片都是以惯用右手拍摄，而且全是镜像，即如果站在镜子前打领带，将看到这些的影像。右手握住宽的一端（下文称大端），左手握住窄的一端（下文称小端）。

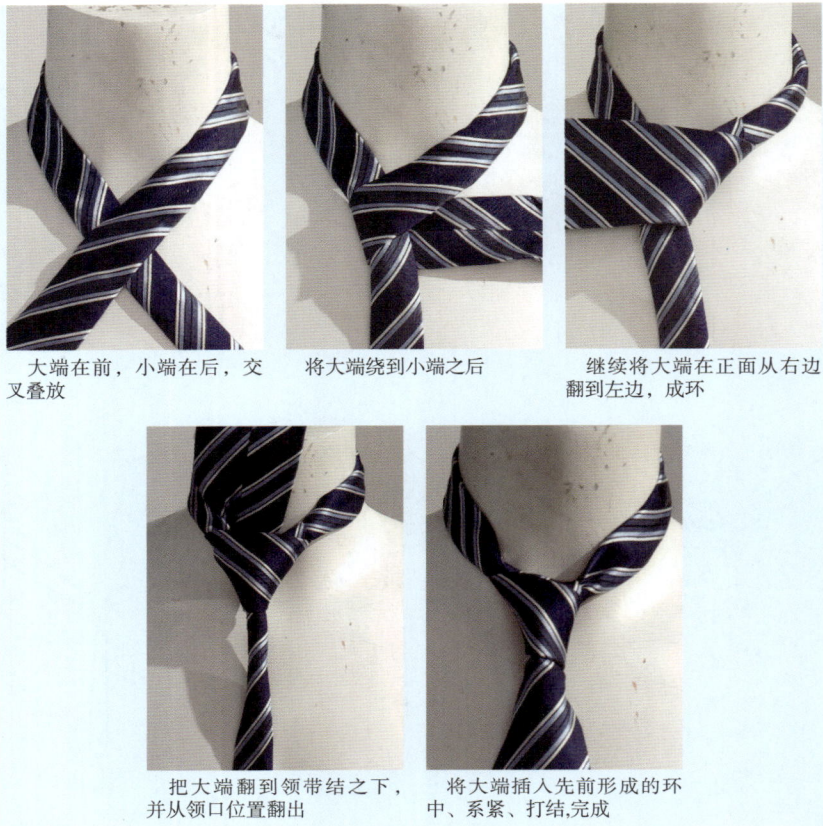

大端在前，小端在后，交　　　将大端绕到小端之后　　　继续将大端在正面从右边
叉叠放　　　　　　　　　　　　　　　　　　　　　　翻到左边，成环

把大端翻到领带结之下，　　　将大端插入先前形成的环
并从领口位置翻出　　　　　　中、系紧、打结，完成

图3-3　平结打法基本步骤

（2）半温莎结（Half Windsor Knot）。半温莎结是一种比较浪漫的领带打法，近似正三角形的领型，比平结打出的斜三角形更庄重，结型比平结稍微宽一些，适用于任何场合，在众多衬衫领型中，与标准领是最完美的搭配。休闲场合，选用粗厚材质领带系半温莎领，能凸显出随意与潇洒。

半温莎结适用领型：适用于大多数衬衫领，尤其是标准领。

半温莎结建议使用精致的丝质中宽款领带、窄款领带。

半温莎结打法口诀：右撇子：左⊗→右⊙→中⊗→右⊙→左⊗→结；左撇子：右⊗→左⊙→中⊗→左⊙→右⊗→结。

半温莎结打法操作步骤如图3-4所示。

（3）温莎结（Windsor Knot）。温莎结又称双温莎结（Double Windsor Knot），一般用于商务、政治活动等场合。温莎结属于典型的英式风格，其打法在几种常用的系领带中较为复杂。温莎结并非温莎公爵发明，而是别人借温莎公爵之名来命名这种领带打法，同时温莎公爵赞同这个结型。打温莎结必须使用轻薄的丝质领带搭配宽角领衬衫，例如温莎领或者意大利领。如果使用厚质领带或者搭配窄紧的衬衫领，结型会显得太宽。

温莎结不适人群：身高中等或偏矮，胸围窄，脖子细。

温莎结搭配领型：标准领或宽角领，宽角领为上佳。

温莎结建议使用柔软轻薄丝质材料的宽领带或者中宽领带。

温莎结打法口诀：右撇子：左⊗→中⊙→左⊗→右⊙→中⊗→右⊙→左⊗→中⊙→结；左撇子：右⊗→中⊙→右⊗→左⊙→中⊗→左⊙→右⊗→中⊙→结。

温莎结打法操作步骤如图3-5所示。

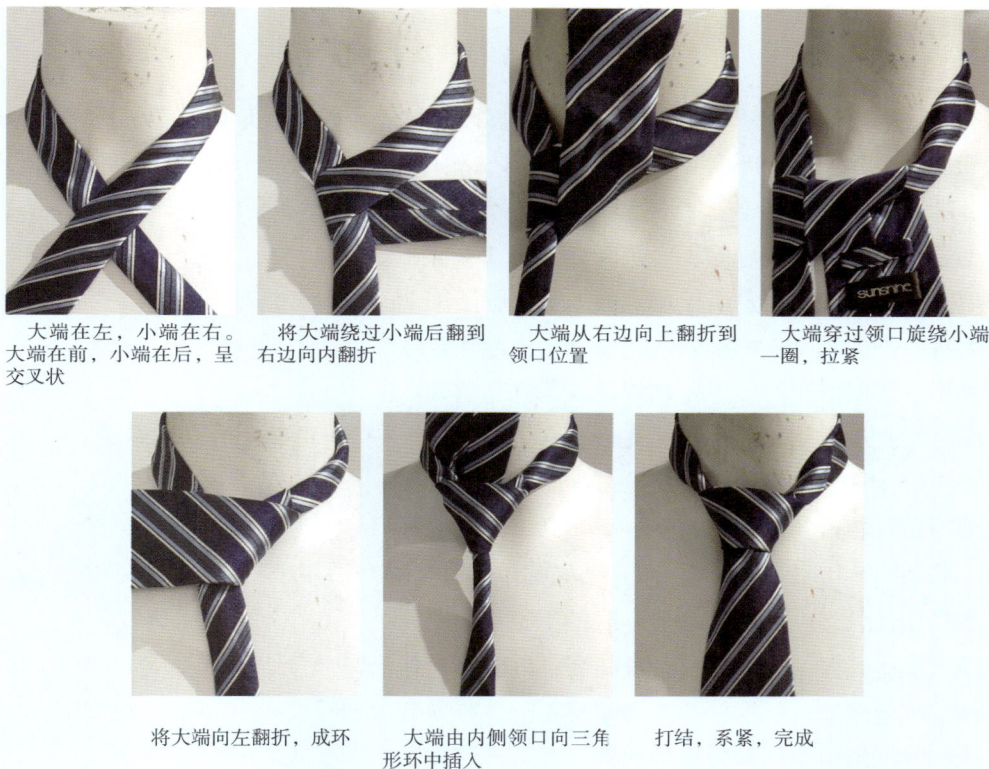

大端在左，小端在右。大端在前，小端在后，呈交叉状

将大端绕过小端后翻到右边向内翻折

大端从右边向上翻折到领口位置

大端穿过领口旋绕小端一圈，拉紧

将大端向左翻折，成环

大端由内侧领口向三角形环中插入

打结，系紧，完成

图3-4　半温莎结打法基本步骤

大端在左，小端在右。大端在前，小端在后，呈交叉状

大端由左领口内侧向上翻折，从领口三角区域抽出

继续将大端翻向左边

大端从小端后绕小端旋转一圈，大端翻向右边

大端在右边，由右领口向内翻折并绕小端旋转

图3-5

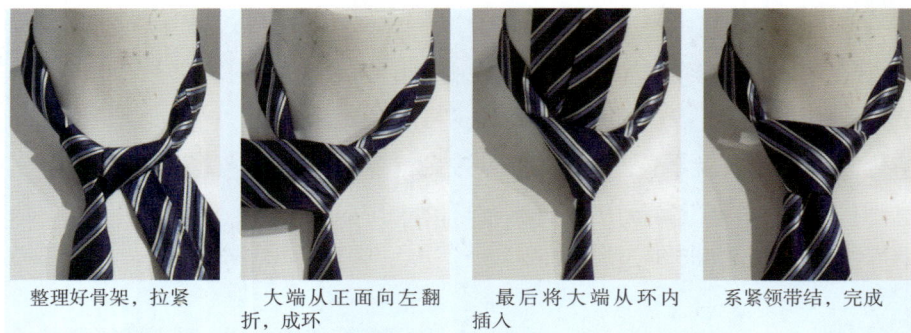

| 整理好骨架，拉紧 | 大端从正面向左翻折，成环 | 最后将大端从环内插入 | 系紧领带结，完成 |

图3-5　温莎结打法基本步骤

（4）普瑞特结（Pratt Knot）。普瑞特结又称谢尔比结（Shelby Knot），是较后现代新兴的一种领带打法，风行于1989年。与其他基本打法相比，打普瑞特结开始时领带反面朝外，这样有助于减少缠绕步骤。普瑞特结形状似温莎结，外形端正，却又比温莎结体积要小，十分美观。但隐藏在后面的小端背面一直朝外，外露会显不雅。

普瑞特结不适人群：身高偏矮，胸围窄，脖子细。

普瑞特结搭配领型：标准领或宽角领，标准领较佳。

普瑞特结建议使用丝质中宽领带或者条纹宽领带。

普瑞特结打法口诀：右撇子：左⊙→中⊗→左⊙→右⊗→中⊙→结；左撇子：右⊙→中⊗→右⊙→左⊗→中⊙→结。

普瑞特结打法操作步骤如图3-6所示。

（5）双环结（Double Knot）。双环结又称维多利亚结。适用于细领带，质地细致的丝质领带加上双环结能营造时尚感，适合年轻的上班族。

双环结不适人群：中等身材；身高高；胸膛厚；脖子宽。

双环结适合领型：标准领；各种高帮领；古典翼型领。

双环结建议使用柔软丝质窄款领带。

双环结打法口诀：右撇子：左⊗→右⊙→左⊗→右⊙→左⊗→中⊙→结；左撇子：右⊗→左⊙→右⊗→左⊙→右⊗→中⊙→结。

双环结打法操作步骤如图3-7所示。

| 领带反面朝外大端在左，小端在右，大端在后，小端在前，交叉叠放。 | 将大端由外至内向大小端交叉的区域翻折 | 再将大端从左边拉出，也就是大端绕小端一圈，回到原位 |

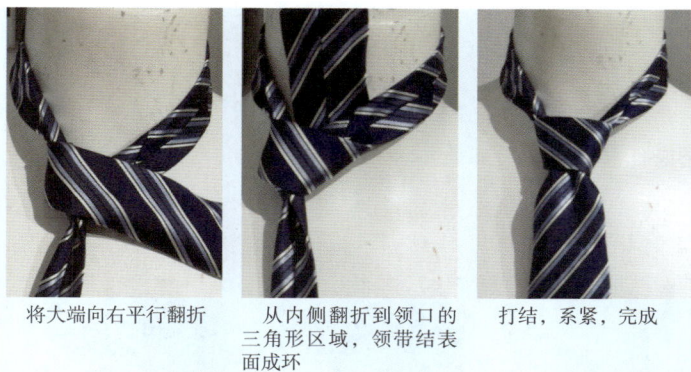

将大端向右平行翻折｜从内侧翻折到领口的三角形区域，领带结表面成环｜打结，系紧，完成

图3-6　普瑞特结打法步骤

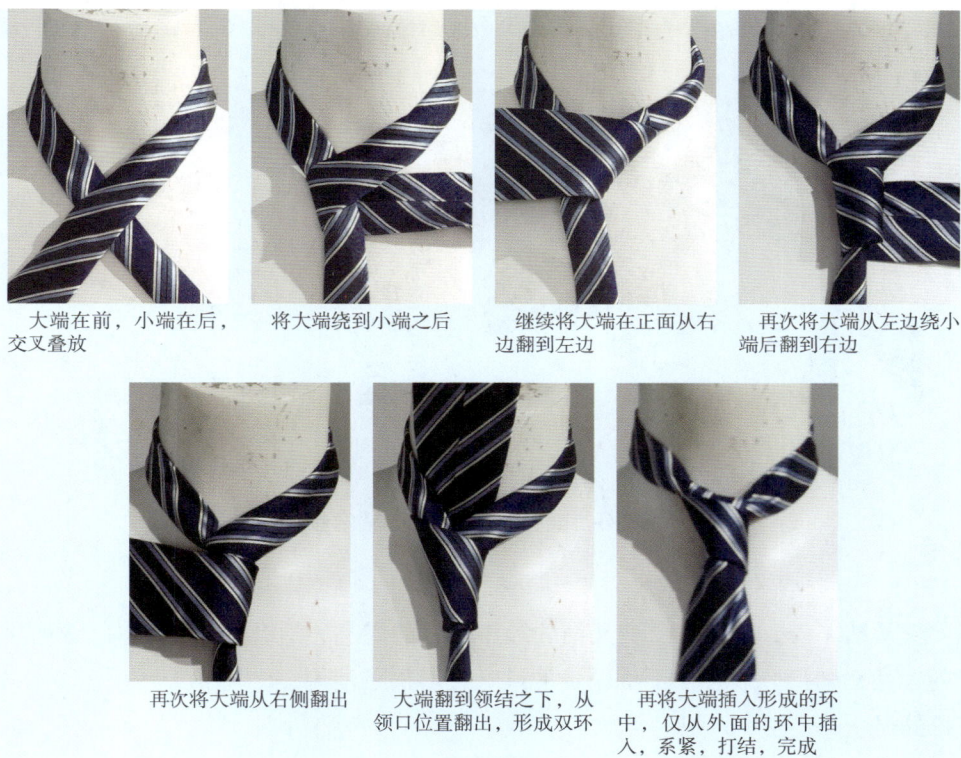

大端在前，小端在后，交叉叠放｜将大端绕到小端之后｜继续将大端在正面从右边翻到左边｜再次将大端从左边绕小端后翻到右边

再次将大端从右侧翻出｜大端翻到领结之下，从领口位置翻出，形成双环｜再将大端插入形成的环中，仅从外面的环中插入，系紧，打结，完成

图3-7　双环结打法基本步骤

（6）凯文狄许结（Cavendish Knot）。凯文狄许结是Thomas Fink和毛永设计发明的一种领带打法，可视为是双平结打法，双倍的平结打法掩盖了平结斜三角形的不对称性。结造型大小和温莎结相似，但比温莎结小一些，可配合标准领、宽角领。

凯文狄许结不适人群：个子矮，胸围窄，脖子细。

凯文狄许结搭配领型：标准领或宽角领，标准领为上佳。

凯文狄许结建议使用柔软轻薄丝质材料的中宽领带或者宽领带。

凯文狄许结打法口诀：右撇子：左⊗→右⊙→左⊗→中⊙→右⊗→左⊙→右⊗→中⊙→结；左撇子：右⊗→左⊙→右⊗→中⊙→左⊗→右⊙→左⊗→中⊙→结。

凯文狄许结打法操作步骤如图3-8所示。

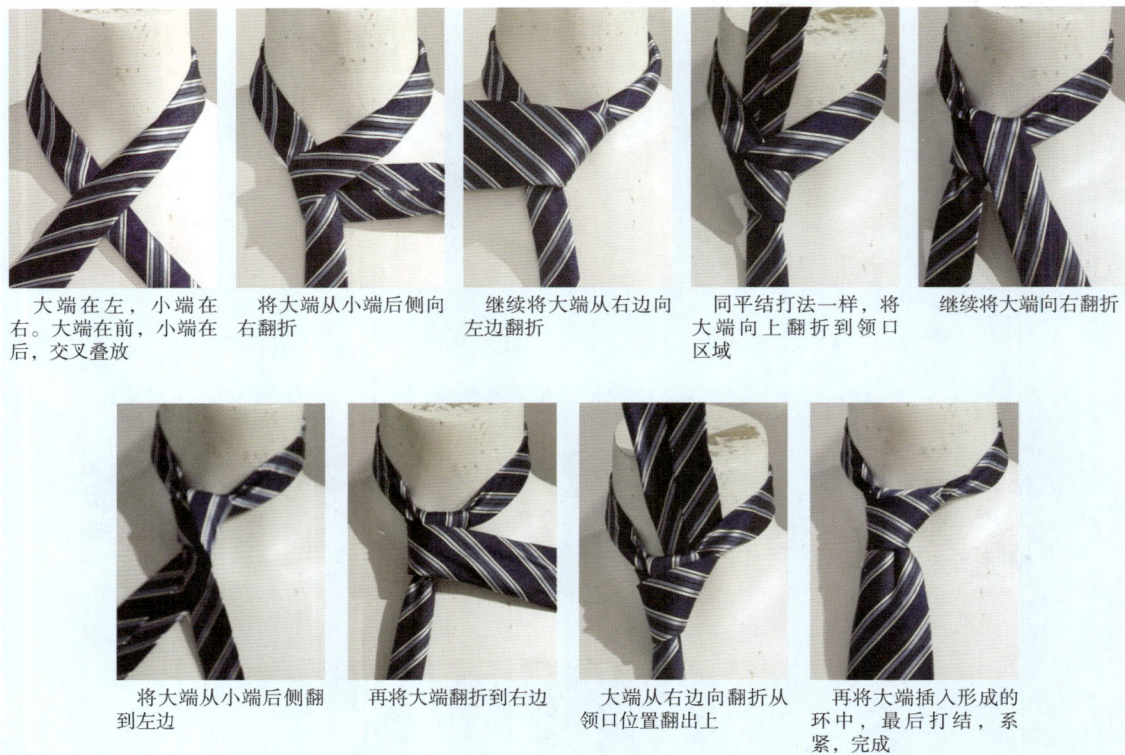

大端在左，小端在右。大端在前，小端在后，交叉叠放	将大端从小端后侧向右翻折	继续将大端从右边向左边翻折	同平结打法一样，将大端向上翻折到领口区域	继续将大端向右翻折
将大端从小端后侧翻到左边	再将大端翻折到右边	大端从右边向翻折从领口位置翻出上	再将大端插入形成的环中，最后打结，系紧，完成	

图3-8　凯文狄许结打法基本步骤

（7）交叉结（Cross Knot）。交叉结的结型非常的漂亮，适合现代年轻人。领结形状呈一个细长的锐角三角形，表现出干练精致的感觉，增加了浪漫、潮流感，适用于不甘于枯燥职业者打扮的男士。

交叉结不适人群：身材中等、个高、胸膛厚、脖子粗。

交叉结适合领型：高领座、窄领口。

交叉结推荐使用轻薄真丝窄款领带。

交叉结打法口诀：右撇子：左⊗→右⊙→中⊗→左⊙→中⊗→左⊙→右⊗→中⊙→结；左撇子：右⊗→左⊙→中⊗→右⊙→中⊗→右⊙→左⊗→中⊙→结。

交叉结打法操作步骤如图3-9所示。

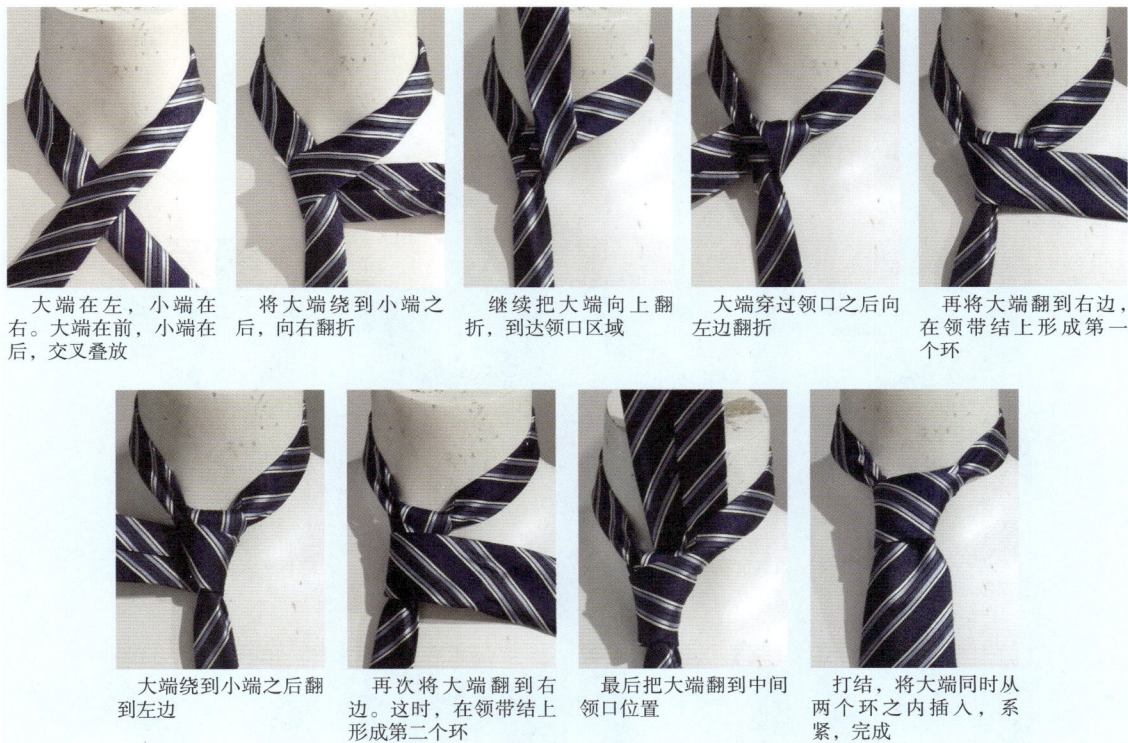

大端在左，小端在右。大端在前，小端在后，交叉叠放	将大端绕到小端之后，向右翻折	继续把大端向上翻折，到达领口区域	大端穿过领口之后向左边翻折	再将大端翻到右边，在领带结上形成第一个环
大端绕到小端之后翻到左边	再次将大端翻到右边。这时，在领带结上形成第二个环	最后把大端翻到中间领口位置	打结，将大端同时从两个环之内插入，系紧，完成	

图3-9　交叉结系法基本步骤

（8）多佛结（Dovorian Knot）。多佛结又称普拉茨堡结（Plattsburgh），由Kit Klinkert与Thomas Fink设计发明。饱满的结型加上细长的领带口，优雅的外观令其比温莎结更完美，同时领带结骨架的搭建也比温莎结要稳固。多佛结领带打法与普瑞特结一样，需要领带反面朝外。

多佛结不适人群：身高中等或偏矮，胸围窄，脖子细。

多佛结搭配领型：标准领或宽角领，宽角领为上佳。

多佛结建议使用柔软轻薄丝质材料，宽领带或者中宽领带。

多佛结打法口诀：右撇子：左⊙→中⊗→右⊙→中⊗→左⊙→右⊗→中⊙→结；左撇子：右⊙→中⊗→左⊙→中⊗→右⊙→左⊗→中⊙→结。

多佛结打法操作步骤如图3-10所示。

（9）圣安德鲁结（St.Andrew Knot）。圣安德鲁结领带打法也属于反面朝外的领带打法，比普瑞特结多几个步骤，结型大小和半温莎结相似。圣安德鲁结的特点是领结位置稍微偏离中心，平添一份浪漫的味道。

圣安德鲁结不适人群：个子高，胸围宽，脖子粗。

圣安德鲁结搭配领型：标准领。

圣安德鲁结推荐使用柔软轻薄丝质材料的中宽领带。

圣安德鲁结打法口诀：右撇子：左⊙→右⊗→左⊙→中⊗→右⊙→左⊗→中⊙→结；左撇子：右⊙→左⊗→右⊙→中⊗→左⊙→右⊗→中⊙→结。

圣安德鲁结打法操作步骤如图3-11所示。

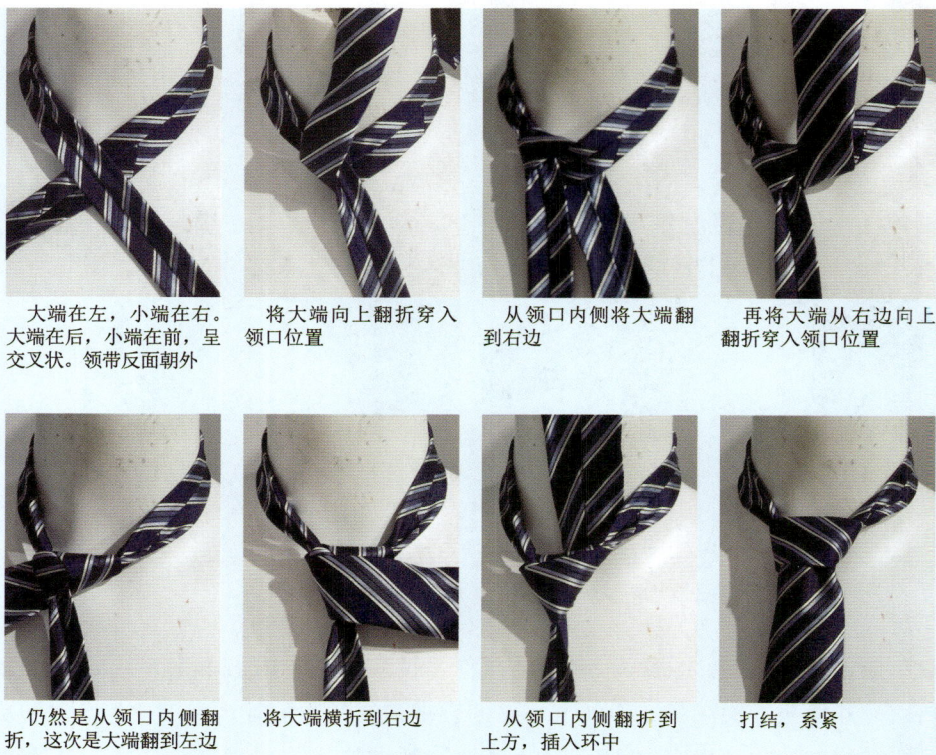

大端在左，小端在右。大端在后，小端在前，呈交叉状。领带反面朝外	将大端向上翻折穿入领口位置	从领口内侧将大端翻折到右边	再将大端从右边向上翻折穿入领口位置
仍然是从领口内侧翻折，这次是大端翻到左边	将大端横折到右边	从领口内侧翻折到上方，插入环中	打结，系紧

图3-10　多佛结打法基本步骤

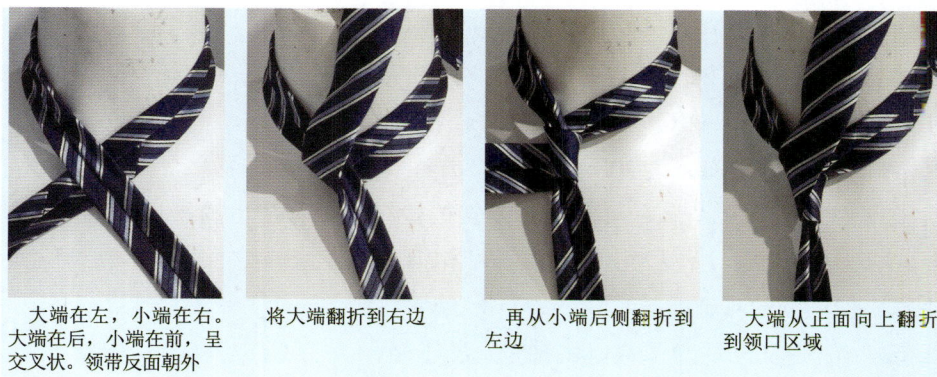

大端在左，小端在右。大端在后，小端在前，呈交叉状。领带反面朝外	将大端翻折到右边	再从小端后侧翻折到左边	大端从正面向上翻折到领口区域

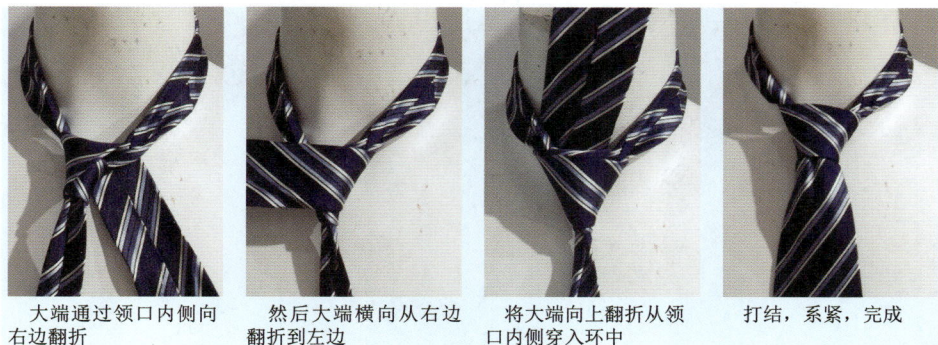

| 大端通过领口内侧向右边翻折 | 然后大端横向从右边翻折到左边 | 将大端向上翻折从领口内侧穿入环中 | 打结，系紧，完成 |

图3-11　圣安德鲁结系法基本步骤

（二）领结打法

领结起源于17世纪，在欧洲战争时期克罗地亚雇佣兵使用丝巾围绕颈部以固定T恤衫的领口，这种系领结方法逐渐被法国上流社会所采用。领结在18世纪到19世纪较为盛行，到19世纪末期，领结的末端变得越来越长，渐渐演变成领带，领结则逐渐变得不再时兴。

虽然领带在当今社会使用较为普遍，但在商业会议、隆重场合，领结的使用也正在逐渐兴起。在传统上，领结仍被用作配衬燕尾礼服，它被认为是唯一正统的领口饰品。正式的西装比较适合领带，而燕尾服则比较适合领结的搭配。深色系西装适合严谨的领带，浅色系的西装则适合活泼的领结。

在正式场合的晚宴中，需要佩戴领结，但却并不一定是黑色的。领结在流行文化中，有时被视为有内涵的象征。但另一方面，领结也常见于小丑的服装。部分人认为领结是不合潮流的，或古怪的。

打领结适合领型：翼型领或者宽角领。

领结推荐使用真丝材质。

领结打法操作步骤如图3-12所示。

（1）两手分别握住领结的两端，正面朝外。右端比左端稍微长出大概4cm的位置。以下右端称长端，左端称短端，如图3-12（a）所示。

（2）两端在胸前交叉。长端在前，短端在后，如图3-12（b）所示。

（3）长端绕短端向领口内翻折，从领口处穿出，如图3-12（c）所示。

（4）将短端折叠成蝴蝶结形状，推向领口，如图3-12（d）所示。

（5）将长端绕呈蝴蝶结形状的短端一圈，如图3-12（e）所示。

（6）长端再绕一圈，形成一个稳固的环形结。长端绕到蝴蝶结的后方，将剩余的布料推进到成环形结之中，形成另一端蝴蝶结，如图3-12（f）所示。

（7）基本完成，然后仔细调整，确保蝴蝶结两端样式大小相同，如图3-12（g）所示。

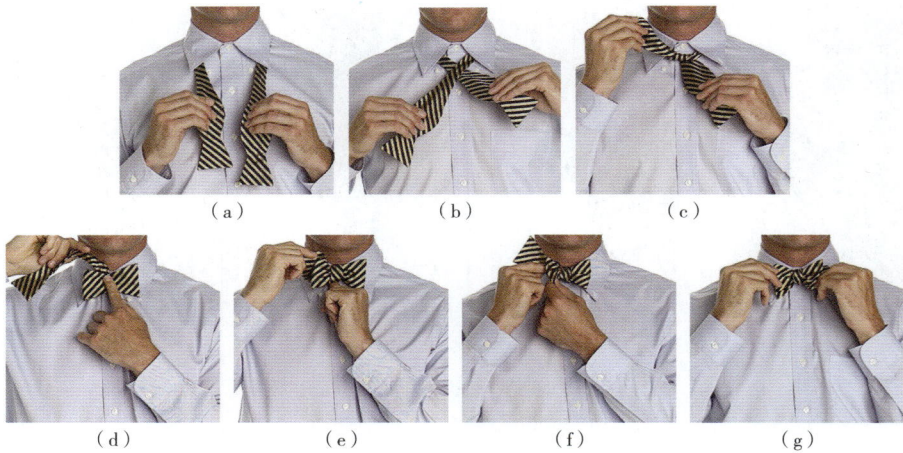

图3-12　礼服领结打法基本步骤

（三）丝巾系法

对于随性浪漫的人，系丝巾往往比打领带更添一分优雅和从容的感觉。

系丝巾适合领型：标准领或宽角领。

丝巾推荐使用真丝材质。

系丝巾操作步骤如图3-13所示。

（1）先将柔软的丝巾悬挂在颈部，如图3-13（a）所示。

（2）将丝巾在胸前交叉，如图3-13（b）所示。

（3）左端围绕推到颈部，贴牢，如图3-13（c）所示。

（4）然后将这一端从领口抽出，如图3-13（d）所示。

（5）将剩余部分插入衬衫中，调整丝巾形状，如图3-13（e）所示。

（6）完成，如图3-13（f）所示。

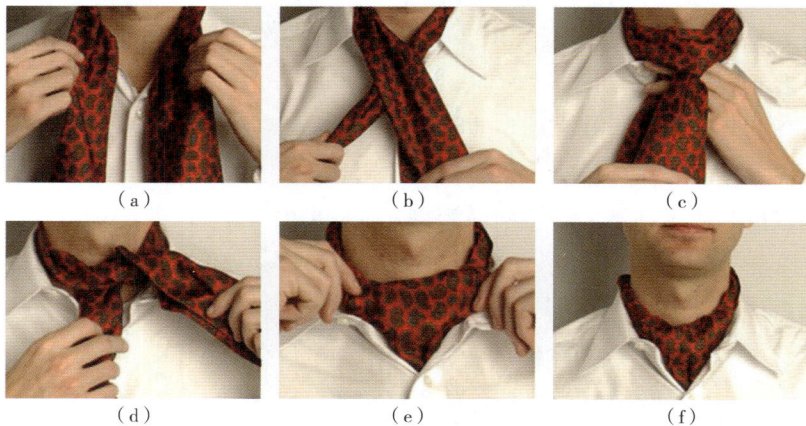

图3-13　丝巾领带打法基本步骤

（四）胸袋巾折叠法

对穿着正装的男士而言，法式衬衫之外，胸袋巾（口袋巾、手帕）是一个重要的装饰，尤其是正式场合穿着深色西装或黑色礼服时，更是不可或缺的服饰配件，但是经常被人所忽略，如果能善加应用，必能在穿着上加分。胸袋巾的材质有丝、麻、棉、蕾丝等，配合各材质和穿着目的，有各种不同的折叠法（图3-14）。

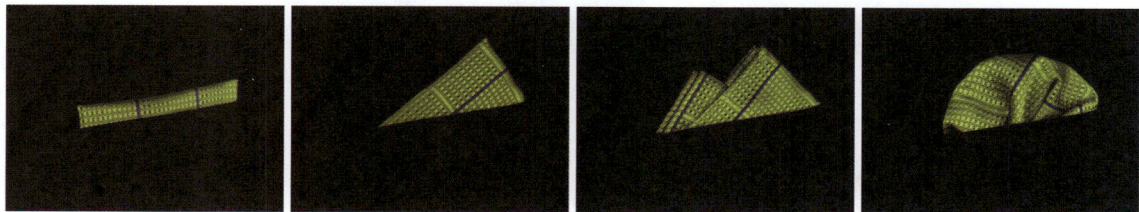

图3-14　胸袋巾折叠法

1. 折方型胸袋巾

方型胸袋巾折法简单，造型显的稳重成熟，给人一种简单优雅的感觉，适合棉质或亚麻的方巾，是礼服配袋巾时常见折法。

方型胸袋巾折叠步骤如图3-15所示。

（1）先将方巾正面朝下，如图3-15（a）所示。

（2）将方巾从右向左对折，如图3-15（b）所示。

（3）将双折的方巾从左向右对折，在右边留下一个缺口，如图3-15（c）所示。

（4）将双折的方巾从上向下对折，如图3-15（d）所示。

（5）最后，将底部向上折叠，调整到适合口袋的大小，正面朝前塞进口袋，露出2~3cm，如图3-15（e）所示。

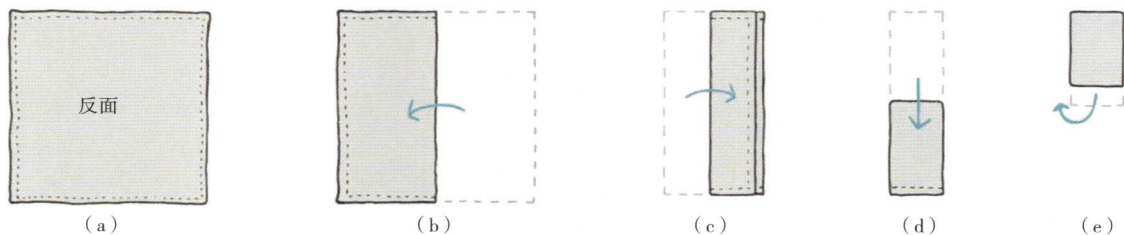

| （a） | （b） | （c） | （d） | （e） |

图3-15　方型胸袋巾折法

2. 折泡芙型胸袋巾

泡芙型胸袋巾折法适合丝质类胸袋巾，折法简单、速度快，造型显得活泼有趣，呈现出潇洒、华丽，不规则波浪式外形充分展示丝质胸袋巾的飘逸柔软，经过调整，也符合商务场合使用。

泡芙型胸袋巾折叠步骤如图3-16所示。

（1）将口袋方巾正面朝上，如图3-16（a）所示；

（2）用一只手将中间捏住、提起，如图3-16（b）所示；

（3）另一只手的拇指和食指自上而下将方巾将过，如图3-16（c）所示；

（4）手在中间位置停止，如图3-16（d）所示；

（5）将底部向上折叠，调整到适合口袋的大小，正面朝前、中心位置朝上塞进口袋，如图3-16（e）所示。

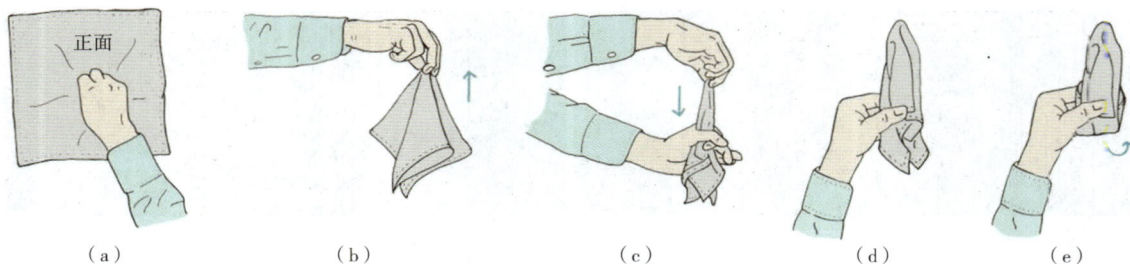

（a）　　　　　　（b）　　　　　　（c）　　　　　　（d）　　　　　　（e）

图3-16　泡芙型胸袋巾折法

3. 折反向泡芙型胸袋巾

反向泡芙型胸袋巾折法与泡芙型胸袋中折法相反，将松散、活泼的山峰面（四个角）展示出来，充满活力。

反向泡芙型胸袋巾折叠步骤如图3-17所示。

（1）将口袋方巾正面朝上，如图3-17（a）所示；

（2）用一只手将中间捏住、提起，如图3-17（b）所示；

（3）另一只手的拇指和食指自上而下将过，如图3-17（c）所示；

（4）手抓住中间位置，翻转口袋方，使山峰朝上，如图3-17（d）所示；

（5）将底部向上折叠，调整到适合口袋的大小，正面朝前、山峰朝上塞进口袋，如图3-17（e）所示。

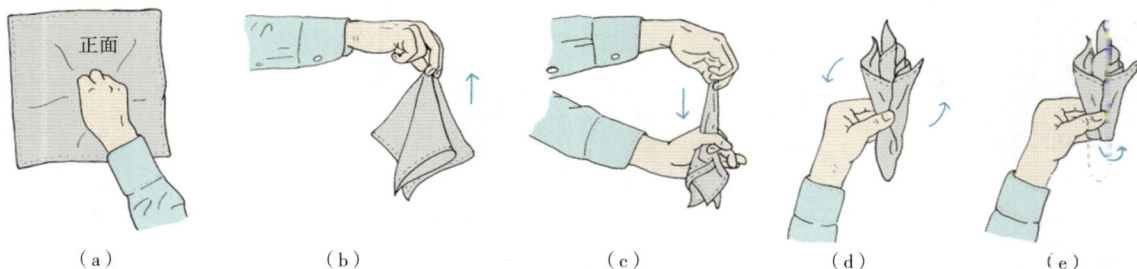

（a）　　　　　　（b）　　　　　　（c）　　　　　　（d）　　　　　　（e）

图3-17　反向泡芙型胸袋巾折法

4. 折单角型胸袋巾

单角型胸袋巾又称一角折法，是一种传统的折法，将方正的胸袋巾折成三角形，将中间留出和口袋相匹配的宽度。

单角型胸装巾折叠步骤如图3-18所示。

（1）将胸袋巾摆放成菱形，正面朝下，如图3-18（a）所示；

（2）从左下角对折到右下角，如图3-18（b）所示；

（3）从右下角对折到右上角，如图3-18（c）所示；

（4）将右边的角折叠到中间，如图3-18（d）所示；

（5）把左边的角折叠到右边，如图3-18（e）所示；

（6）将底部向上折叠，调整到适合口袋的大小，正面朝前，单角朝上塞进口袋，如图3-18（f）所示。

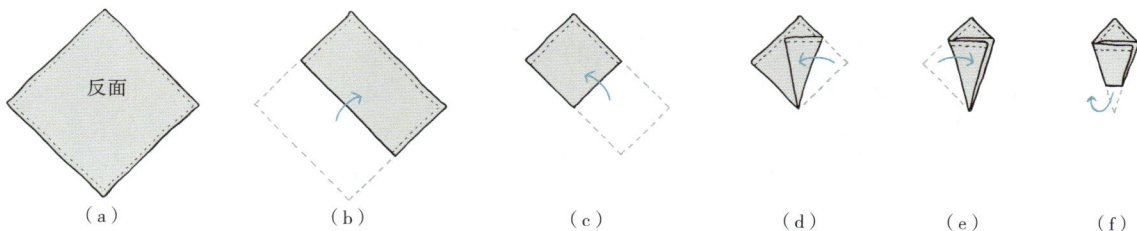

（a）　　　　（b）　　　　（c）　　　　（d）　　　　（e）　　　　（f）

图3-18　单角型胸袋巾折法

5. **折双角型胸袋巾**

双角型胸袋巾折法是一款经典的胸袋巾折法，比单角型胸袋巾更显活跃。如果胸袋巾边缘做工精美，双角型胸袋中折叠会显得更为美观。如果胸袋巾具有可识别的正面和背面，选择双角折法，正面和背面都将可见。

双角型胸袋巾折叠步骤如图3-19所示。

（1）将胸袋巾摆放成菱形，正面朝下，如图3-19（a）所示；

（2）将底角向上折至顶部，稍微倾斜，形成两个角，如图3-19（b）所示；

（3）将右下角折叠到左边，超过中心点（这将决定折叠的宽度），如图3-19（c）所示；

（4）将左边的角折到右边，如图3-19（d）所示；

（5）把左边多余的角折起来掩盖，如图3-19（e）所示；

（6）将底部向上折叠，调整到适合口袋的大小，正面朝前，双角朝上塞进口袋，如图3-19（f）所示。

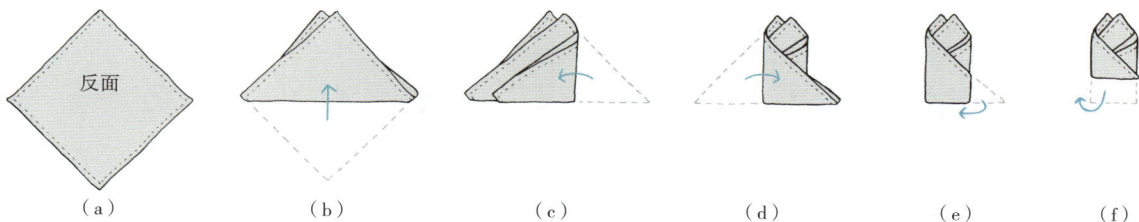

（a）　　　　（b）　　　　（c）　　　　（d）　　　　（e）　　　　（f）

图3-19　双角型胸袋巾折法

6. **折三角型胸袋巾**

折三角型胸袋巾的方法也称为"王冠型折法"，在正式场合，三角型胸袋巾是必不可少的。对称的三角造型视觉冲击力非常强，这种折叠造型显示出大胆和自信。

三角型胸袋巾折叠步骤如图3-20所示。

（1）将胸袋巾摆放成菱形，正面朝下，如图3-20（a）所示；

（2）将底角向上对折叠，如图3-20（b）所示；

（3）将右角斜向上折叠，与中间角错开，如图3-20（c）所示；

（4）将左角斜向上折叠，如图3-20（d）所示；

（5）将右边的边折向中间，如图3-20（e）所示；

（6）将左边的边折向中间，如图3-20（f）所示；

（7）将底部向上折叠，调整到适合口袋的大小，正面朝前、双角朝上塞进口袋，如图3-20（g）所示。

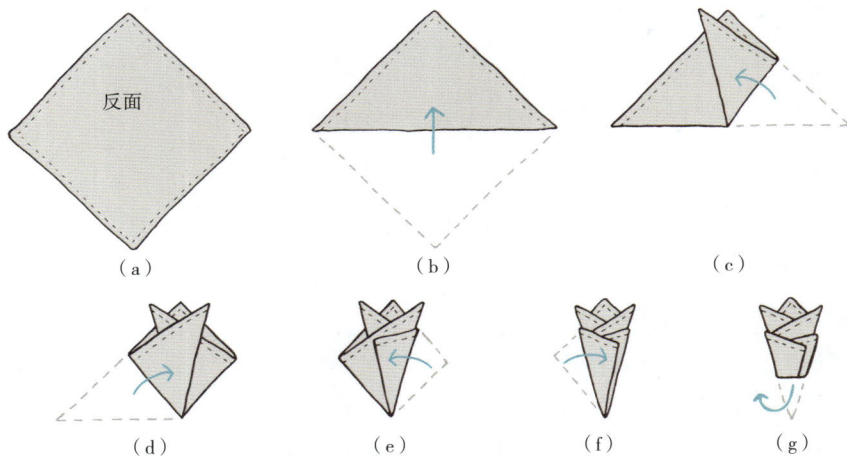

（a）　　　　　　　　　（b）　　　　　　　　　（c）

（d）　　　　（e）　　　　（f）　　　　（g）

图3-20　三角型胸袋巾折法

7. 折四角型胸袋巾

四角型胸袋巾是一种比较常见的、历史悠久的折叠方法。这种折法展示出标志性的四个山峰，具有很强的平衡感，织物的正面和背面都可以在山峰中看到。

四角型胸袋巾折叠步骤如图3-21所示。

（1）将胸袋巾摆放成菱形，正面朝下，如图3-21（a）所示；

（2）将底角向上折至顶部，稍微倾斜，形成两个角，如图3-21（b）所示；

（3）将右下角向上折叠到两个角的左边，形成第三个角，如图3-21（c）所示；

（4）将左边的角折向右边压住第三个角，形成第四个角，如图3-21（d）所示；

（5）右边缘折向中心，如图3-21（e）所示；

（6）左边缘折向中心，如图3-21（f）所示；

（7）将底部向上折叠，调整到适合口袋的大小，正面朝前，四角朝上塞进口袋，如图3-21（g）所示。

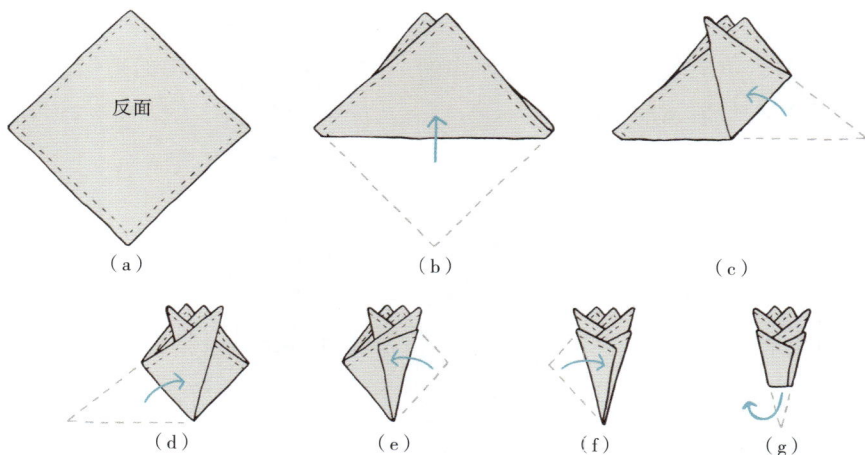

图3-21 四角型胸袋巾折法

8. 折翼山型胸袋巾

折翼山型胸袋巾与折单角型胸袋巾颇为相似，但翼山型具有丰富的曲线结合，中间部位的褶皱突出了织物的色调，尤其是丝绸胸袋中。

翼山型胸袋巾折叠步骤如图3-22所示。

（1）将胸袋巾摆放成菱形，正面朝下，如图3-22（a）所示；

（2）将顶角向下折至底角端，如图3-22（b）所示；

（3）将右上角向下折至底角，如图3-22（c）所示；

（4）将左上角向下折至底角，如图3-22（d）所示；

（5）右边缘折向中心，如图3-22（e）所示；

（6）左边缘折向中心，如图3-22（f）所示；

（7）将底部向上折叠，调整到适合口袋的大小，正面朝前，翼山朝上塞进口袋，如图3-22（g）所示。

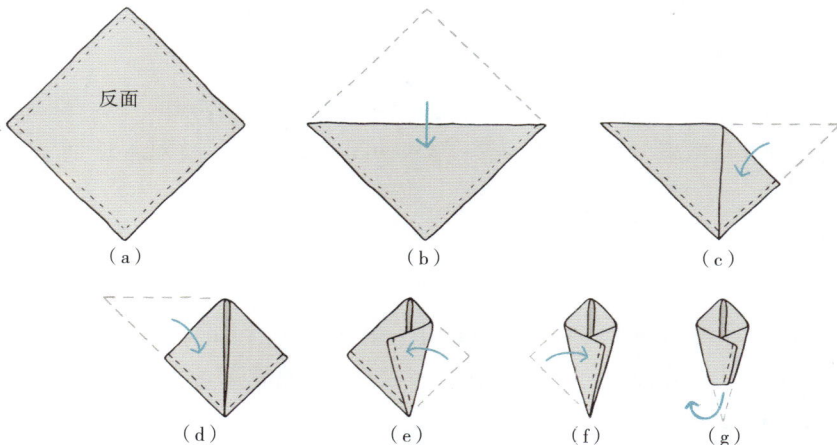

图3-22 翼山型胸袋巾折法

9. 折斜角型胸袋巾

折斜角型胸袋巾是传统的多角折叠方法中的一种，斜角型胸袋巾的造型。峰面朝向相同方向显示出了一种敏锐的运动感。

斜角型胸袋巾折叠步骤如图3-23所示。

（1）将胸袋巾正面朝下，如图3-23（a）所示；

（2）从左上角向右下角斜向对折，如图3-23（b）所示；

（3）将左下角向上折叠到右角顶部，稍微向左倾斜，形成两个峰，如图3-23（c）所示；

（4）将底角向上折起，斜放在两个峰的左边，形成第三个峰，如图3-23（d）所示；

（5）将最后一个折叠的峰分开，形成第四个山峰，如图3-23（e）所示；

（6）将左边的角折向背面，如图3-23（f）所示；

（7）将底部向上折叠，调整到适合口袋的大小，正面朝前塞进口袋，如图3-23（g）所示。

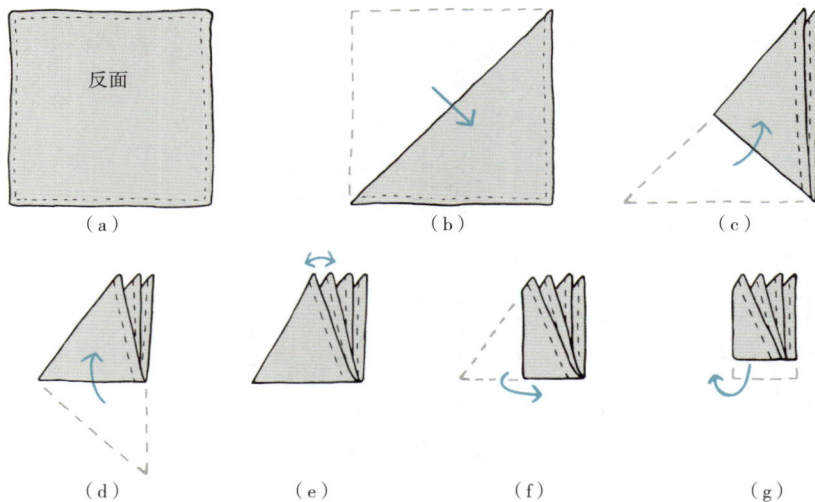

图3-23　斜角型胸袋巾折法

10. 折玫瑰型胸袋巾

折玫瑰型胸袋巾虽然看起来很简单，但玫瑰型折法需要技巧和灵巧才能完美地完成。如果折叠得当，造型就会像盛开的玫瑰花蕾一样从中间螺旋出来，优雅浪漫而不过分华丽，彰显男士魅力。

玫瑰型胸袋巾折叠步骤如图3-24所示。

（1）用左手拇指和食指围成一个圆圈，如图3-24（a）所示；

（2）将胸袋巾放在拇指和食指捏成的圆圈上，正面朝上，如图3-24（b）所示；

（3）用右手两根手指将胸袋巾中间部分推到圆圈里，如图3-24（c）所示；

（4）从下方轻轻捏住圆圈内的胸袋巾，如图3-24（d）所示；

（5）右手抓住胸袋巾正面按顺时针扭转，使其逐渐重叠，如图3-24（e）所示；

（6）继续扭转，直到没有松脱为止，如图3-24（f）所示；

（7）抓住扭转的部位，同时将手从下面拿开。根据需要调整折叠部位，确保折叠部位不要松开。调整好后放入口袋，如图3-24（g）所示。

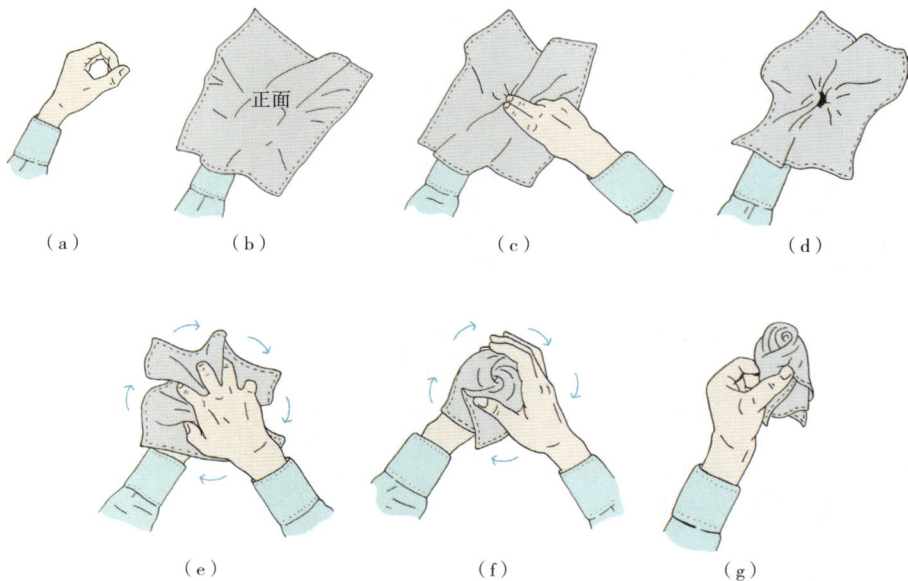

图3-24　玫瑰型胸袋巾折法

11. 折阶梯型胸袋巾

阶梯型胸袋巾，非常优雅但折叠方法较为复杂。选用丝质方巾，纯色或者四色。个人认为四色方巾的成品更加漂亮。

阶梯型胸袋巾折叠步骤如图3-25所示。

（1）平铺胸袋巾，正面朝下，如图3-25（a）所示；

（2）从右上角到左下角沿对角线对折，如图3-25（b）所示；

（3）将布料夹在第一个楼梯下两英寸处，折叠成第二个楼梯，如图3-25（c）所示；

（4）同样，将布料夹在第二个楼梯下面两英寸的地方，折叠成第三个楼梯，如图3-25（d）所示；

（5）将阶梯固定好，沿对角线对折，将左上角放在右下角的背面，如图3-25（e）所示；

（6）将右边角折到背面，如图3-25（f）所示；

（7）把左边角折到背面，如图3-25（g）所示；

（8）最后，将底部向上折叠到背面，调整到适合口袋的大小，正面朝前塞进口袋，如图3-25（h）所示。

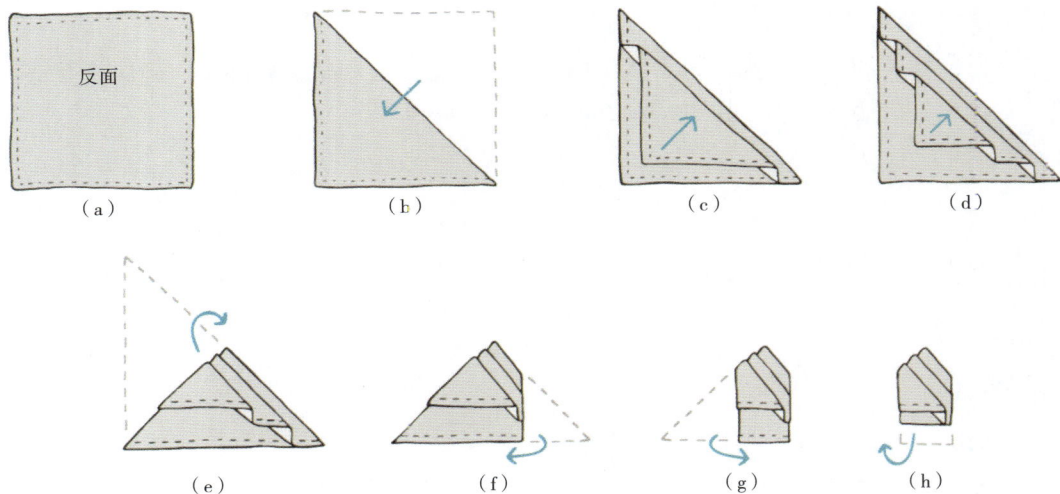

图3-25 阶梯型胸袋巾折法

二、服装类折叠

（一）衣服折叠

1. 折叠T恤衫

T恤衫折叠步骤如图3-26所示。

（1）将T恤衫后身上下摊开，抻平褶皱，如图3-26（a）所示；

（2）握住右侧领边，横向向左折叠，再将袖反向折叠，如图3-26（b）所示；

（3）左侧按同样方法折叠，左右折叠的大小要均等，如图3-26（c）所示；

（4）将衣身一半向上对折，整理形状和褶皱，领子周围要整齐；再将前身朝上放置，叠放起来。衣服的长度过长时，可以先将下摆稍微折叠之后，再对折，如图3-26（d）所示。

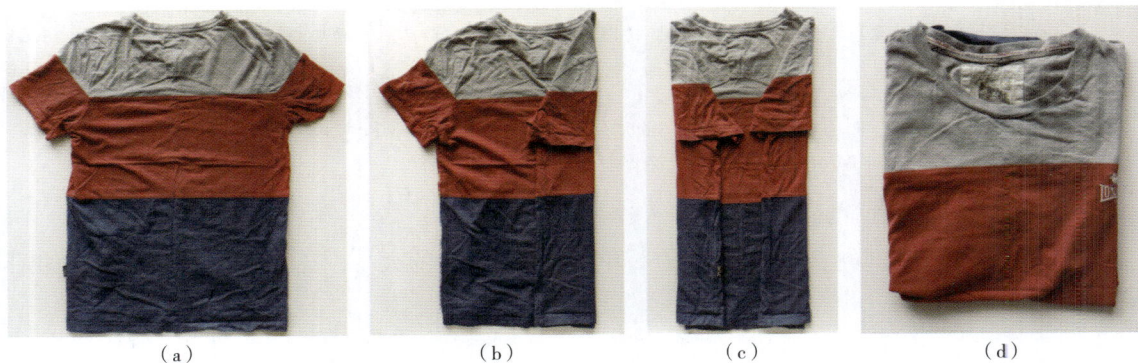

图3-26 T恤衫折法

2. 折叠衬衫

衬衫折叠步骤如图3-27所示。

（1）扣住衬衫纽扣，固定领口，把前襟纽扣处弄整齐将后身朝上放置，抻平后身和袖子的褶皱，在衣领下方中间放置较厚的衬纸，如图3-27（a）所示；

（2）根据衬纸的宽度，将衣袖向后折叠［图3-27（b）］，再根据折叠后的宽度将袖子折叠，使左右相同，如图3-27（c）、图3-27（d）所示；

（3）下摆1/6处向上折叠后再对折［图3-27（e）］，然后将衬衫翻正面朝上，如图3-27（f）所示。

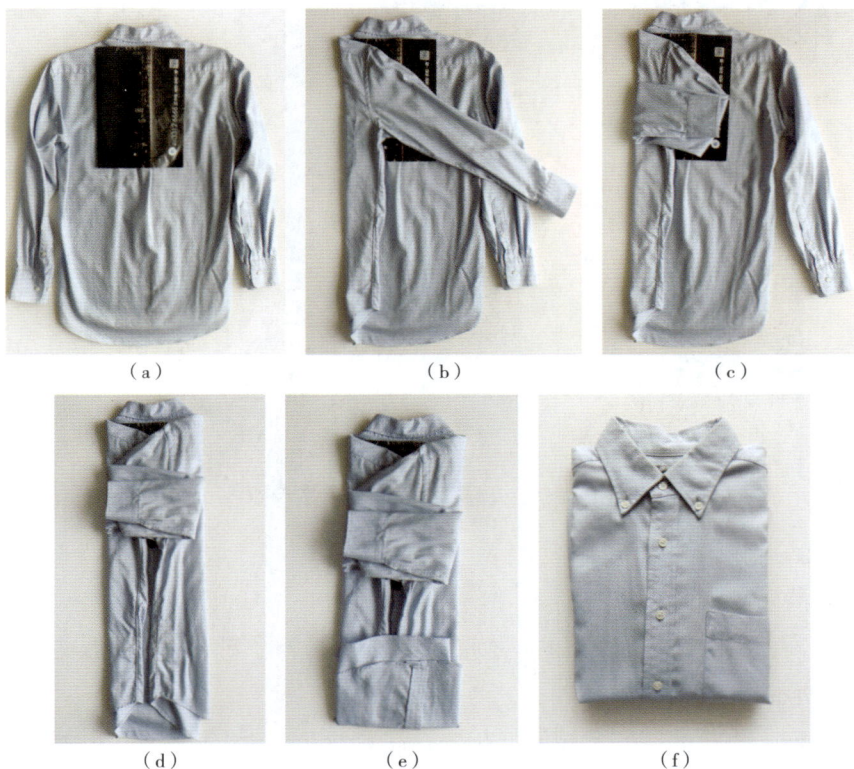

（a）　　　　　　（b）　　　　　　（c）

（d）　　　　　　（e）　　　　　　（f）

图3-27　衬衫折叠法

3. 折叠开领短袖衬衫

开领短袖衬衫，应尽量避免领子和胸前出现褶皱。领子坚硬的类型，将领子竖起后进行折叠；领子柔软的类型，将领子按穿着时样子整理，解开纽扣折叠。

开领短袖衬衫折叠步骤如图3-28所示。

（1）将后身朝上，抻平褶皱，如图3-28（a）所示；

（2）将左衣身和左衣袖向右折叠，如图3-28（b）所示；

（3）右侧的叠法相同，注意左右折叠的宽度相等，如图3-28（c）所示；

（4）将衬衫从下摆开始向上对折，如图3-28（d）所示。衣服过长时，先将下摆1/3处向上折叠，再对折，如图3-28（e）所示；

（5）将前身朝上放置，整理形状完成，如图3-28（f）所示。

（a）　　　　　　　（b）　　　　　　　（c）

（d）　　　　　　　（e）　　　　　　　（f）

图3-28　开领短袖衬衫折叠步骤

4. 折叠对襟衣服

对襟衣服折叠步骤如图3-29所示。

（1）将衣服前面朝上，带扣眼儿的一侧放置在上面，抻平褶皱，将衣服的右侧向左折叠，如图3-29（a）所示；

（2）将袖子向右下折叠，左侧按同样折叠，注意使左右折叠的宽度均等，如图3-29（b）所示；

（3）从下摆开始向上折叠约1/3的长度，如图3-29（c）所示；

（4）再将下摆往上折叠至衣领处，如图3-29（d）所示。

5. 折叠连帽衫

连帽衫折叠步骤如图3-30所示。

（1）将连帽衫的拉链拉好，正面朝上放置，将兜两侧合并到一起放平，再将兜帽的部分向前身折叠，如图3-30（a）所示；

（2）根据所需的宽度折侧面衣身部分，再将袖子折回，将另一侧按同样方法折叠，如图3-30（b）所示；

（3）从底边大约1/3处向上折回，然后再进一步向上折叠，如图3-30（c）所示。

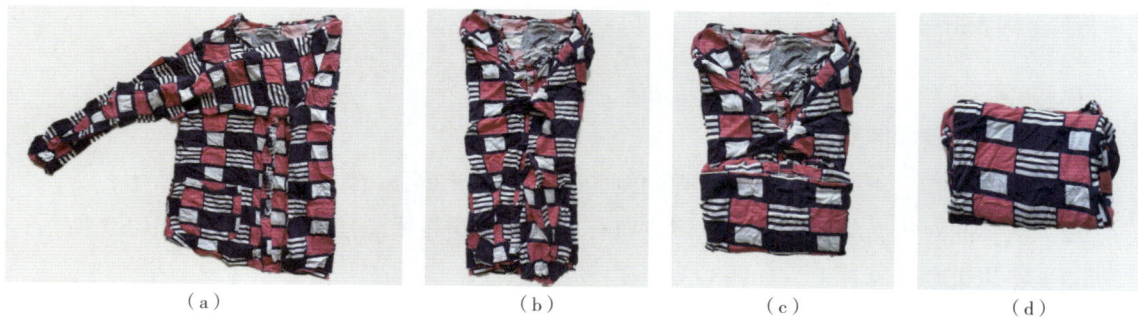

（a）　　　　　　　　（b）　　　　　　　　（c）　　　　　　　　（d）

图3-29　对襟衣服折叠步骤

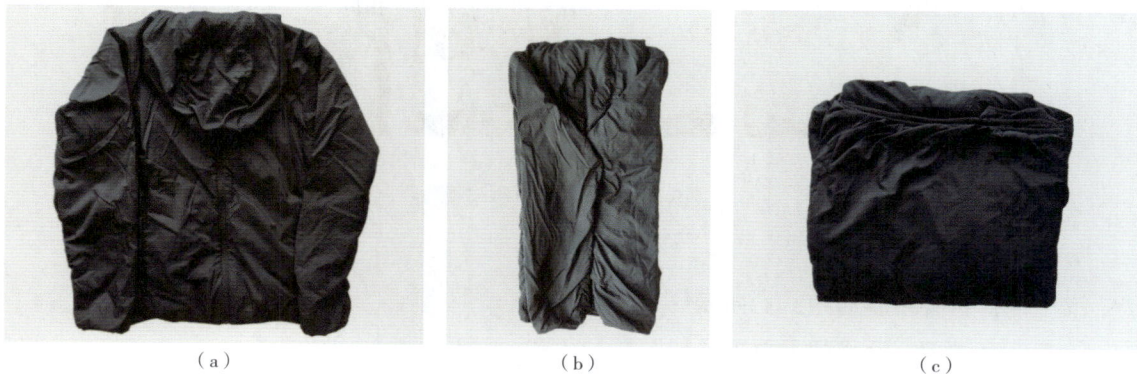

（a）　　　　　　　　　　（b）　　　　　　　　　　（c）

图3-30　连帽衫折叠步骤

6. 折叠毛衣

毛衣折叠步骤如图3-31所示。

（1）后身向上放置，如图3-31（a）所示；

（2）将毛衣的两侧分别向后身折起，再将两个袖子分别向内侧折叠，使袖子保持竖直，宽度会减少一半，如图3-31（a）~图3-31（d）所示；

（3）一边注意袖子的部分，一边从距下摆1/3处向上折一次，然后再折一次即完成，如图3-3（e）所示。

（a）　　　　　（b）　　　　　（c）　　　　　（d）　　　　　（e）

图3-31　毛衣的折叠步骤

（二）内衣折叠

1. 胸罩

胸罩折叠步骤如图3-32所示。

（1）解开挂扣，正面朝下，将罩杯两侧旁的挂钩部分重叠，如图3-32（a）所示；

（2）从中间对折，将右罩杯嵌入到左罩杯中，左右肩带重叠摆放，如图3-32（b）所示；

（3）将肩带套在罩杯上，如图3-32（c）所示。

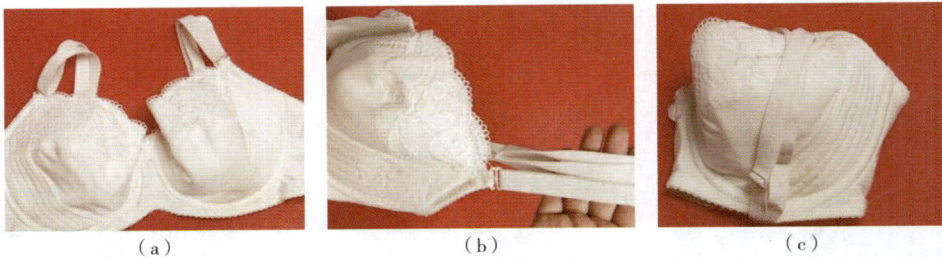

| （a） | （b） | （c） |

图3-32　胸罩折叠步骤

2. 女士内裤

女士内裤折叠步骤如图3-33所示。

（1）对齐腰部，反面朝上放置，如图3-33（a）所示；

（2）全长1/2处向上对折，如图3-33（b）所示；

（3）腰身左右1/4处，将两侧向内折叠，使其接近长方形，如图3-33（c）所示；

（4）再左右对折一次，如图3-33（d）所示。

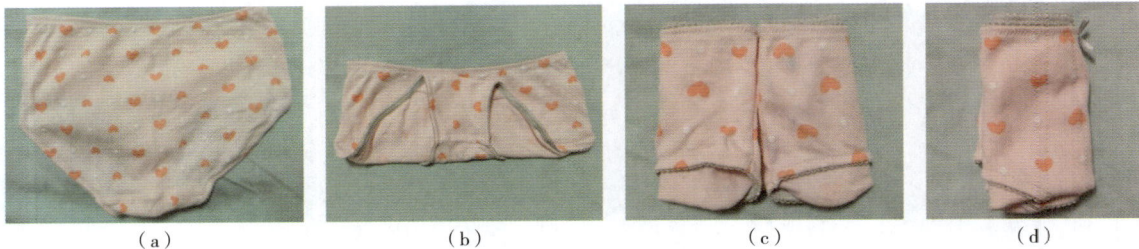

| （a） | （b） | （c） | （d） |

图3-33　女士内裤折叠步骤

3. 贴身短裤

贴身短裤折叠步骤如图3-34所示。

（1）正面朝上对齐腰部放置，压平褶皱，如图3-34（a）所示；

（2）从左侧的三分之一处向右折叠，如图3-34（b）所示；

（3）右侧向左折过来，形成一个下摆宽的梯形，如图3-34（c）所示；

（4）在全长1/3处从上向下折叠，如图3-34（d）所示；

（5）将下摆向上侧折叠，塞入腰身的橡皮筋部分，抻平褶皱，如图3-34（e）所示。

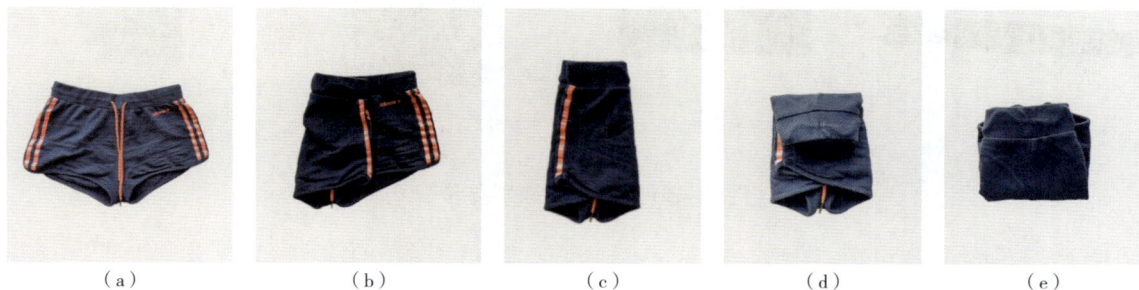

图3-34　贴身短裤折叠步骤

（三）袜子折叠

1. 短筒棉袜

短筒棉袜折叠步骤如图3-35所示。

（1）将两只袜子叠放在一起，抻平褶皱，如图3-35（a）所示；

（2）上下对折，如图3-35（b）所示；

（3）再上下对折，如图3-35（c）所示；

（4）翻开一只袜口，包住袜子，如图3-35（d）所示。

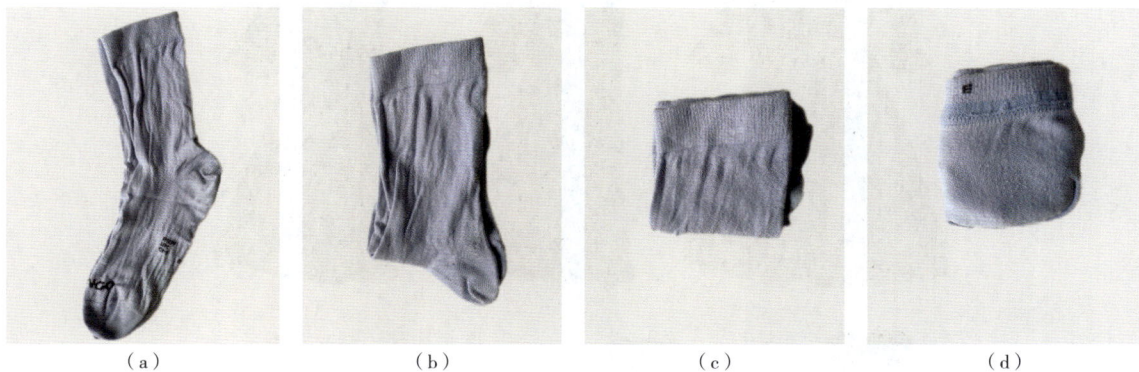

图3-35　短筒棉袜折叠

2. 长筒丝袜

长筒丝袜折叠步骤如图3-36所示。

（1）将两只袜子叠放在一起，尽量抻平褶皱，如图3-36（a）所示；

（2）将袜子对折，如图3-36（b）所示；

（3）进一步对折，如图3-36（c）所示；

（4）再对折一次，将一只袜口橡皮筋处翻过来，包住袜子，如图3-36（d）所示。

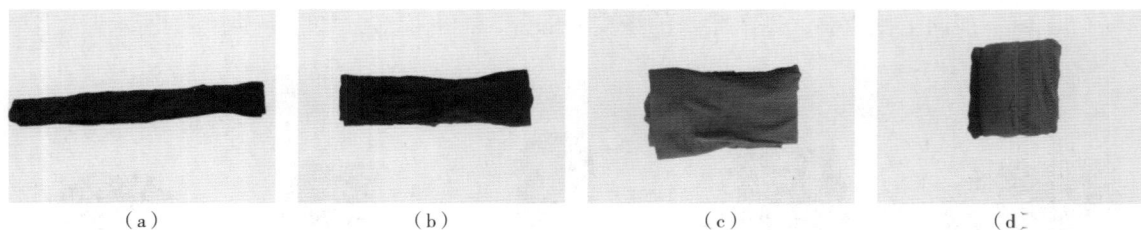

（a）　　　　　　　　（b）　　　　　　　　（c）　　　　　　　　（d）

图3-36　长筒丝袜折叠步骤

（四）连衣裙折叠

连衣裙折叠步骤如图3-37所示。

（1）将连衣裙摊平［图3-37（a）］，以纵向三等分线为轴，将连衣裙的一侧向中间方向折叠［图3-37（b）］，随后将袖子再往外折一半，如图3-37（c）所示；

（2）将另一侧的衣袖以同样的方式折叠，使连衣裙形成一个长方形的形状，如图3-37（d）、图3-37（e）所示；

（3）将连衣裙由上向下折叠两次，将连衣裙折成一个方块，如图3-37（f）、图3-37（g）所示。

（a）　　　　　　　　（b）　　　　　　　　（c）
（d）　　　　　（e）　　　　　（f）　　　　　（g）

图3-37　连衣裙折叠

（五）短裤折叠

短裤折叠步骤如图3-38所示。

（1）不必拉裤前门拉链或扣纽扣，将左右裤腿对齐折叠，避免产生折痕，如图3-38（a）所示；

（2）将裤长对折，如图3-38（b）所示。

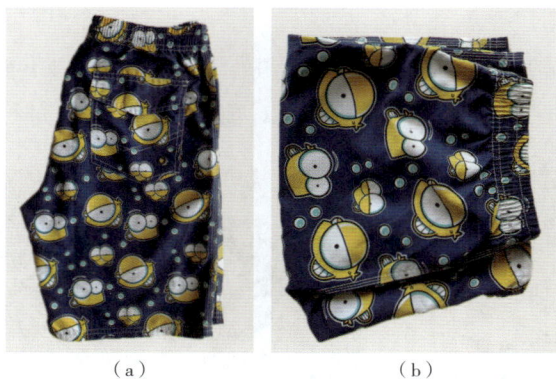

（a）　　　　　　　　（b）

图3-38　短裤折叠

三、鞋带系法

符号⊙代表鞋带从鞋孔中穿出；符号⊗代表鞋带从鞋孔中穿入。

1. 十字交叉系法

十字交叉系鞋带法方便、舒适，深受大众喜欢，由于鞋带的交叉部位刚好在两侧鞋帮中间的凹槽处，因而不会挤压到脚面，系法如图3-39所示。

（1）将鞋带头平直穿入孔1、孔2，并从每个鞋孔的下面向上穿出；

（2）将鞋带交叉，然后分别从下向上穿出孔3、孔4；

（3）重复步骤，直到鞋带从最上面两个鞋孔15、孔16穿出。

鞋带穿插路径为：1⊙→4⊙→5⊙→8⊙→9⊙→12⊙→13⊙→16⊙；2⊙→3⊙→6⊙→7⊙→10⊙→11⊙→14⊙→15⊙。

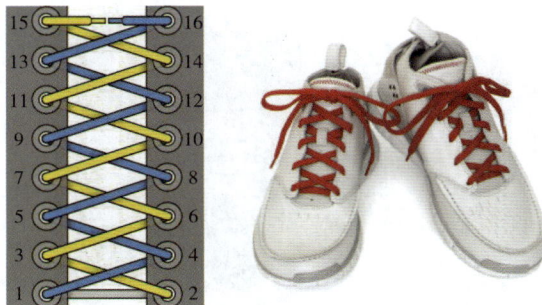

图3-39　十字交叉系法

2. 上下系法

上下系鞋带法操作便捷，并具有较强观赏性、装饰性，日常磨损少，系法如图3-40所示。

（1）将鞋带头平直自上而下穿入孔1、孔2；

（2）鞋带头交叉，并从第孔3、孔4，自下而上穿出，然后在上面交叉后插入下一对鞋孔；

（3）重复步骤，直到鞋带从最上面两个鞋孔穿出。

鞋带穿插路径为：1⊗→4⊙→5⊗→8⊙→9⊗→12⊙→13⊗→16⊙；2⊗→3⊙→6⊗→7⊙→10⊗→11⊙→14⊗→15⊙。

说明：如果鞋孔是单数对（如7对14孔），开始穿鞋带时应自下而上（如果鞋孔为双数，自上而下开始穿），以确保鞋带穿到最上面的一对鞋孔时也在下面进行交叉。

图3-40　上下系法

3. 平直（欧式）系法

平直（欧式）系鞋带法适用于较短的鞋带，鞋带系好后表面平整，底部则稍显凌乱，表现出较强的个性特征，这种交叉能使鞋带拉紧并且安全性强。采用平直（欧式）系法，当脚部受伤时，使用剪刀可以很快割断鞋带的平直部分，以便将鞋子脱掉，系法如图3-41所示。

（1）将鞋带头自上而下平直穿入孔1、孔3；

（2）孔1穿出的鞋带自下而上穿出孔4后平直穿入横向第二排的孔3；

（3）孔2穿出的鞋带自下而上由第三排鞋孔5穿出并平直穿入同排鞋孔6；

（4）重复步骤，两个鞋带头交替进行。

鞋带穿插路径为： 1⊗→4⊙→3⊗→8⊙→7⊗→12⊙→11⊗→16⊙；2⊗→5⊙→6⊗→9⊙→10⊗→13⊙→14⊗→15⊙。

图3-41　平直（欧式）系法

4. 平直（流行式）系法

平直（流行式）系鞋带法视觉非常美观，但操作难度较大，适用于偶数对鞋孔鞋和低帮鞋，系法如图3-42所示。

（1）将鞋带头自上而下平直穿入底端的两个鞋孔，孔1和孔2；

（2）孔1的鞋带沿左侧自下而上穿出第二排的孔3，并平直穿入横向右侧的鞋孔4；

（3）然后将另一端孔2的鞋带沿右侧自下而上穿出第二排孔6，并平直穿入横向左侧的鞋孔5；

（4）然后重复步骤，直到两头鞋带从最顶部的鞋孔穿出。

鞋带穿插路径为：1⊗→3⊙→4⊗→8⊙→7⊙→11⊙→12⊗→16⊙；2⊗→6⊙→5⊗→9⊙→10⊗→14⊙→13⊗→15⊙。

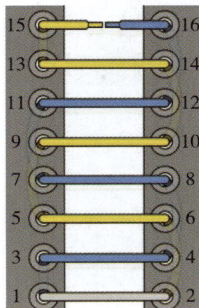

图3-42 平直（流行式）系法

5. 锯齿系法

锯齿系鞋带法比平直系法更易绑紧，因为鞋带表面的平直部分都拉向同一方向，鞋带下面的斜拉部分也拉向同一方向，此系带法会导致鞋的两侧在内部被拉出一个角度，对于不合脚的鞋子，可以通过该系法进行矫正，系法如图3-43所示。

鞋带穿插路径为：1⊗→3⊙→4⊗→7⊙→8⊗→11⊙→12⊗→15⊙；2⊗→5⊙→6⊗→9⊙→10⊗→13⊙→14⊗→16⊙。

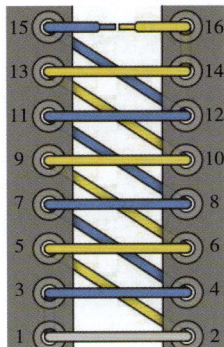

图3-43 锯齿系法

6. 斜点系法

斜点系鞋带法外观对称性强，操作简单，可以减少鞋带头的剩余长度，容易打理，系法如图3-44所示。

鞋带穿插路径为：1⊗→16⊙；2⊗→3⊙→4⊗→5⊙→6⊗→7⊙→8⊗→9⊙→10⊗→11⊙→12⊗→13⊙→14⊗→15⊙。

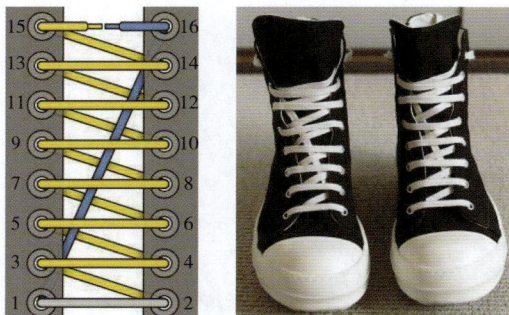

图3-44　斜点系法

7. 铁人三项系法

铁人三项系鞋带法外观整洁，容易解开，但较难系紧。采用该系法时，手指容易从鞋子顶部的鞋带下面伸进去并朝下拉，所以容易解开（铁人三项运动员在比赛中需要脱鞋时更节省时间），系法如图3-45所示。

鞋带穿插路径为：1⊗→4⊗→5⊗→8⊗→9⊗→12⊗→13⊗→16⊗；2⊗→3⊗→6⊗→7⊗→10⊗→11⊗→14⊗→15⊗。

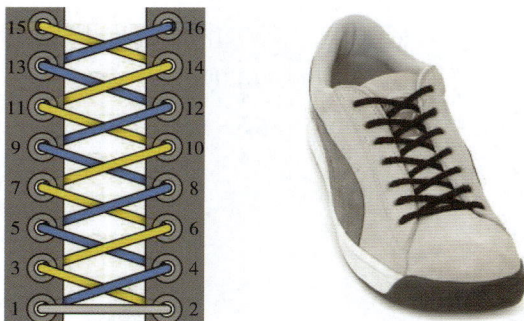

图3-45　铁人三项系法

8. 绳梯系法

绳梯系鞋带法具有很强的整洁性和装饰性，视觉冲击力强，适合较短鞋带，由于鞋带相互紧密关联，所以较难系紧，系法如图3-46所示。

（1）将鞋带头自下而上平直穿出孔1、孔2；

（2）孔1、孔2的鞋带分别向上穿入第二排的鞋孔3、4；

（3）孔3、孔4的鞋带交叉，然后水平向另一侧鞋带的下面穿过，再将鞋带向上穿入下一排鞋孔5、孔6；

（4）重复步骤，直至鞋带从孔15、16穿出。

鞋带穿插路径为：1⊙→3⊗→6⊙→7⊗→10⊙→11⊙→14⊙→15⊗；2⊙→4⊗→5⊙→8⊗→9⊙→12⊗→13⊙→16⊗。

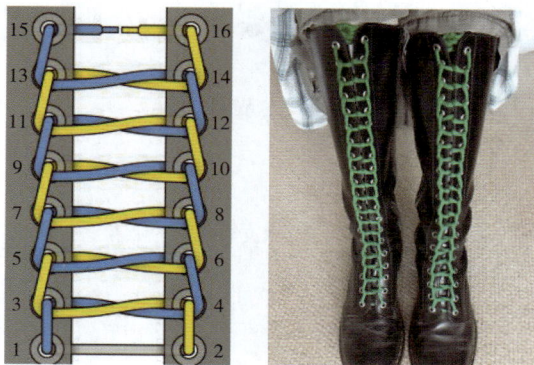

图3-46　绳梯系法

9. 蝴蝶结系法

蝴蝶结系鞋带法在每个双数排留出间隙，给脚部更多的"呼吸空间"，系法如图3-47所示。

鞋带穿插路径为：1⊗→3⊙→6⊗→8⊙→9⊗→11⊙→14⊗→16⊙；2⊗→4⊙→5⊗→7⊙→10⊗→12⊙→13⊗→15⊙。

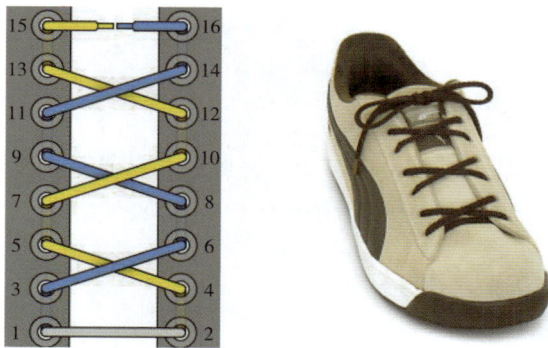

图3-47　蝴蝶结系法

10. 双螺旋系法

双螺旋系鞋带法具有较强的装饰性，鞋带与鞋帮边缘的摩擦、鞋带重叠部分较小，绑紧和放松都更容易、更快。左右两只鞋可反方向来系，以便最后看起来对称，系法如图3-48所示。

鞋带穿插路径为：1⊙→4⊗→5⊙→8⊗→9⊙→12⊗→13⊙；2⊗→3⊙→6⊗→7⊙→10⊗→11⊙→14⊗。

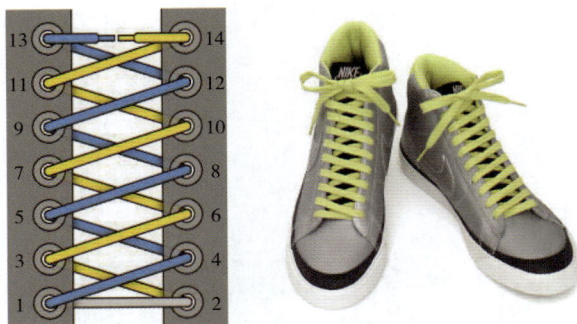

图3-48　双螺旋系法

11. 双交叉系法

双交叉系鞋带法较为复杂，但具有较强的装饰性，虽然绑紧或放松较难，但方便脱鞋，系法如图3-49所示。

鞋带穿插路径为：1⊗→6⊙→3⊗→10⊙→7⊗→12⊙；2⊗→5⊙→4⊗→9⊙→8⊗→11⊙。

图3-49　双交叉系法

12. 格子系法

格子系鞋带法装饰感强，但不易系紧，适用于6对鞋孔及以上的鞋子，系法如图3-50所示。

鞋带穿插路径为：1⊙→8⊗→10⊙→3⊗→5⊙→12⊗→14⊙；2⊙→7⊗→9⊙→4⊗→6⊙→11⊗→13⊙。

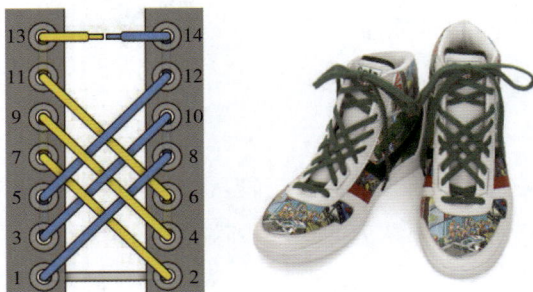

图3-50　格子系法

13. 拉链系法

拉链系鞋带法视觉冲击力强，每孔都是自下而上穿出，可以将鞋带系的结实耐用，系法如图3-51所示。

（1）将鞋带头自下向上穿出孔1、孔2；

（2）穿出的鞋带在孔1、2间鞋带下穿过后交叉，再自下而上穿出孔3、孔4；穿过孔3、孔4的两鞋带从上一交叉下端穿过后再交叉，再自下而上穿出孔5、孔6；

（3）两个鞋带头相互交叉，然后从下面穿出来到下一排鞋孔；

（4）重复步骤，直到两侧鞋带都穿到最上面的鞋孔。

鞋带穿插路径为：1⊙→4⊙→5⊙→8⊙→9⊙→12⊙→13⊙；2⊙→3⊙→6⊙→7⊙→10⊙→11⊙→14⊙。

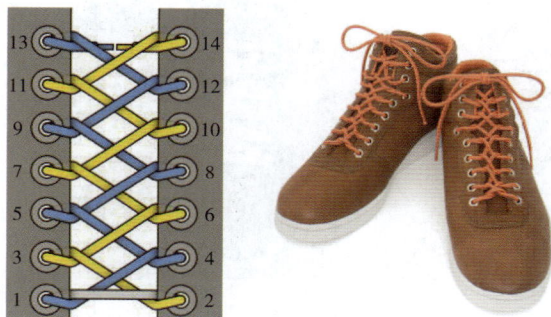

图3-51　拉链系法

14. 马靴鞋带系法

马靴系鞋带法从两头穿鞋带，在中间系紧，系法与众不同，外观独特，用途特殊，适用于马靴。马靴系法绑紧或解开的部位位于靴子中间（脚踝附近），可以将鞋帮两侧拉紧在一起，从而避免露出里面鞋带的斜拉部分，系法如图3-52所示。

（1）将鞋带斜穿，两头分别从左下方孔1和右上方孔16穿出；

（2）鞋带的上下端头都采用"之"字形，从上下面穿到中间的鞋孔。

鞋带穿插路径为：1⊙→2⊗→3⊙→4⊗→5⊙→6⊗→7⊙→8⊗→9⊙；16⊙→15⊗→14⊙→13⊗→12⊙→11⊗→10⊙。

图3-52　马靴系法

15. 单手系法

单手系鞋带法操作简单，易松脱，适用于行动不便的残疾人使用。该系法用在鞋孔较小或鞋带较宽的情况。系法如图3-53所示。

（1）取一根比正常鞋带稍短的鞋带，并在一头打上结；

（2）用未打结的一头从鞋的右上方孔16自下而上穿出，并拉至打结处被鞋孔挡住；

（3）采用"之"字形将鞋带穿至最底部；

（4）最后从孔1穿入的鞋带可以很容易地塞进鞋带下面，以防松开。

鞋带穿插路径为：$16\odot \to 15\otimes \to 14\odot \to 13\otimes \to 12\odot \to 11\otimes \to 10\odot \to 9\otimes \to 8\odot \to 7\otimes \to 6\odot \to 5\otimes \to 4\odot \to 3\otimes \to 2\odot \to 1\otimes$。

图3-53　单手系法

16. 分段系法

分段系鞋带法适用性广，可自行设定外观分段长度，系法如图3-54所示。

（1）每只鞋使用两根鞋带，每根均比原来一根鞋带的一半稍长；

（2）先将第一根鞋带由底部平直自下而上穿出孔1、孔2，再用十字交叉法穿至鞋子中间孔7、孔8位置；

（3）从孔9、孔10开始穿第二根鞋带，用同样的方法穿至鞋子的顶部；

（4）每一段鞋带可分别根据个人情况系紧和打结。

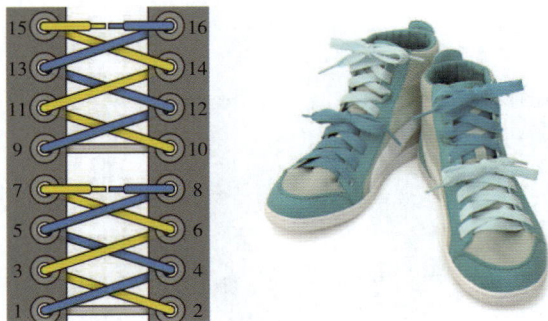

图3-54　分段系法

17. 打结分段系法

打结分段系鞋带法如图3-55所示。

（1）使用稍长的鞋带，将鞋带头自下而上平直穿入孔1、孔2；

（2）用十字交叉系法依次自下而上依次穿出鞋孔至鞋子中部孔7、孔8位置，根据个人情况掌握松紧；

（3）为永久保持鞋子下半段的松紧状态，可在此处打一个缩帆结；

（4）继续用十字交叉系法穿至最顶部孔15、孔16，只有上半部分的松紧可独立调整。

鞋带穿插路径为：1⊙→4⊙→5⊙→8⊙→缩帆结→10⊙→11⊙→14⊙→15⊙；
2⊙→3⊙→6⊙→7⊙→缩帆结→9⊙→12⊙→13⊙→16⊙。

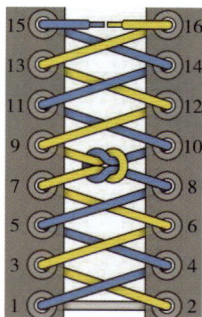

图3-55　打结分段系法

18. 双系法

双系鞋带法具有极强的装饰性和创造性，视觉冲击力强，需要两根鞋带，系法如图3-56所示。

（1）取两根不同颜色的鞋带，每根均比原鞋带稍短；

（2）将一根鞋带由底部孔1、孔2平直自下而上穿出；

（3）交叉后跳过第二排鞋孔，从第三排鞋孔5、6自下而上穿出；

（4）继续交叉，再跳过第四排自下而上从孔9、10穿出，直到穿至最顶部或者上面第二排的鞋孔；

（5）用第二根鞋带从底部第二排孔3、孔4开始穿出，跳过第三排鞋孔，从第四排鞋孔7、8自下而上穿出，重复步骤，直到第二根鞋带穿完剩余的鞋孔。

说明：如果是奇数对鞋孔的鞋子，那么其中一根鞋带要比另一条鞋带多穿两个鞋孔。

第一根鞋带穿插路径为：1⊙→6⊙→9⊙→14⊙；2⊙→5⊙→10⊙→13⊙。

第二根鞋带穿插路径为：3⊙→8⊙→11⊙；4⊙→7⊙→12⊙。

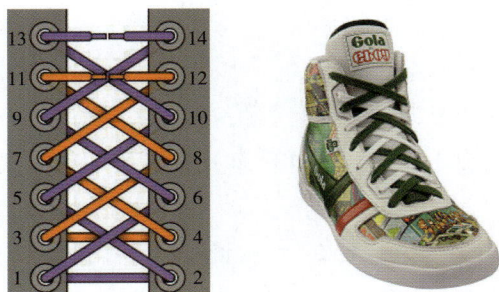

图3-56　双系法

第二部分　实训环节

一、实训准备与安排

1. 实训时间

实训周期2周，课堂展示时间2课时，共30人。

2. 实训地点

服装营销实训室。

3. 实训材料

领带、丝巾、各类服装、鞋带等。

4. 实训前的准备

熟悉并掌握本项目服装服饰品的折叠整理方法，在训练过程中熟练应用所学技能。

二、实训内容与要求

1. 实训内容

（1）学生根据本项目的知识进行领带、丝巾、口袋巾、鞋带使用操作。

（2）根据本项目提供的知识，练习各类服装的折叠整理。

（3）模拟真实购物环境，用定期与随机的方式进行实操演练。

2. 实训要求

（1）要求学生熟悉本项目提供的各类产品的操作步骤，做好实训前的知识准备。

（2）要求教师在实训过程中做好组织工作，给予必要的、合理的指导，使学生加深对知识的理解，提高实际应用和操作的能力。

（3）对学生掌握技能的实际情况，通过单位时间训练完成整理服装的数量，系好领带、丝巾、口袋巾、鞋带的数量进行评定。

三、实训组织方法与步骤

（1）将学生分为若干小组，每组8~10人，每组设组长1名，负责组织本组成员进行实训。

（2）各小组讨论、分析、研究实训要求，确定工作内容，并由组长确定具体人员和分工。

（3）实训前，教师先培训组长对实训中用到的设备和仪器的使用，由各组组长对本组成员进行设备和仪器的操作使用培训。

（4）组长组织小组讨论，对实训安排和指导情况进行书面汇报。

（5）随机抽调各组成员进行服装整理，系领带、丝巾、口袋巾、鞋带，并进行评比。

（6）其他组同学点评，然后教师讲评。

四、实训考核（表3-1）

表3-1　实训考核评分表　　　　　　　　单位：分

考核项目	分值
基本款式服装折叠	35
领带使用打法	30
丝巾使用打法	15
口袋巾及鞋带系法	20
合计	100

项目四　服装卖场陈列与搭配

实训目的	本项目旨在通过学生对服装终端店铺货品的陈列目的与原则了解的前提下，依靠掌握一定的服装陈列道具；服装基本陈列方式与技巧；服装搭配与服装颜色；人体肤色、体型和脸型的关系等方面的知识，提升学生在实际销售环节解决消费者有关陈列及搭配方面问题的能力。

第一部分　理论知识

一、服装店铺陈列的目的与原则

（一）陈列的目的

（1）陈列有助于顾客仔细观察商品、接触商品和感受商品。

（2）通过陈列，让顾客对商品有一个具体的认识，推动销售。

（3）通过陈列将服装的特点展现给顾客，吸引其关注，进一步引发兴趣。

（4）把流行资讯、商品信息传达给顾客。

（5）通过主题变化的陈列，给顾客新鲜有趣的感觉。

（二）陈列的基本原则

（1）按店铺内部格局、商品系列分区。

（2）按色系分区。

（3）按新旧款分区。

（三）顾客的流动路线与卖场布局及商品陈列（图4-1）

（1）观察顾客入店的主要方向，流动路线应通畅，引导顾客走入每一个角落，尽可能多地接触商品。

（2）通道设计要长，商品目之所及，一目了然，容易摸到、拿到。

（3）死角位放色彩艳丽的衣服吸引顾客。

（4）人体模型空位的死角，可放人体模型群组于店铺中，侧挂长的陈列架中间可做个正挂。

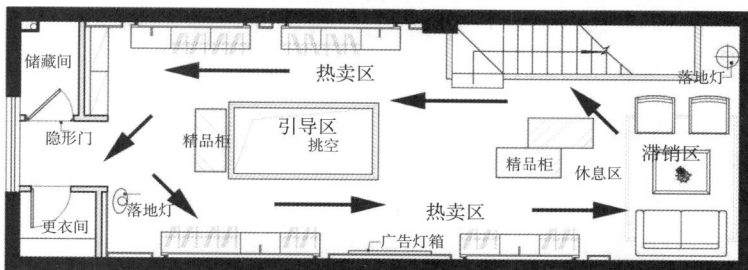

图4-1 服装终端卖场布局及顾客流动路线图

（四）卖场的陈列更新原则

（1）人体模型出样每周更换一次。

（2）正挂出样每周更换三次。

（3）货架陈列每两周局部调整一次。

（4）卖场布局每月大调整一次。

（5）促销POP即时陈列在卖场，过期POP一定要及时撤除。

（6）季节性宣传海报、灯箱画等应根据公司要求定期更换。

（7）过时的节日装饰物要及时撤离卖场。

（8）陈列道具的维护和更新。

（9）试衣间的鞋应根据季节更新。

二、服装陈列的方式与技巧

（一）服装人体模型陈列（图4-2）

（1）人体模型必须成组展示（2~4个），且材质、颜色必须统一。成组展示的人体模型，要着同一系列服装，少数单独展示的人体模型需与相邻区域（器架、展台等）的服装陈列相呼应。

（2）人体模型着装必须合体，并干净整洁无缺损，且里外上下搭配齐全，服装的吊牌要放到衣服里面。如穿在人体模型上的衣服售完，应及时更换可替代款式。

（3）人体模型应适当搭配与服装呼应和谐的配饰、道具，使展示更人性化。注意配合人体模型陈列的道具一定要应时应景，过时的陈列道具要及时撤离现场。

（4）人体模型的摆放朝向要根据店铺的实际情况作决定，尽量朝向客人进来的方向。多个人体模型同时摆放时，不要并排在一起，可有一点前后错落的感觉，尽量表现得动态、生活化。

（二）正挂服装陈列

（1）正挂服装陈列的数量视服装的厚薄，一般服装数量控制在4～5件之间，秋冬款是比较厚实的服装，数量应控制在3～4件之间（或视衣服挂通的长度制订挂衣数量标准）。

（2）正挂陈列的服装一律小一码的在前，大一码在后。

（3）正挂陈列服装的衣架一律是衣架钩开口方向朝左，呈"？"型面对着顾客，如图4-3所示。

（4）正挂陈列与形象正挂陈列应做多些内外、上下搭配，货品要丰富一些，不能太单一，款式、面料、印花相同的货品不要重复摆在一起。

图4-2　服装人体模型的陈列　　　　　图4-3　服装正挂陈列

（三）侧挂服装陈列

（1）侧挂服装的陈列（包括中岛）要注意服装间距均匀，服装与服装之间的距离保持在3～5cm。

（2）侧挂服装陈列衣架钩的方向统一呈"？"型，如图4-4所示。

（3）侧挂架上的服装陈列要与相邻的正挂服装相响应，过渡自然。整体感觉要明快、动感、有节奏。

（4）一组侧挂服装陈列的颜色3～4个。

图4-4　服装侧挂陈列

（四）服装叠装陈列

（1）在货架的层板或展台、流水台上，陈列师会根据陈列的需要安排叠装的陈列方式，使货架显得丰富、平衡，如图4-5所示。

（2）层板上服装的叠装陈列要求同款同色2～4件叠放，并且保持叠装上下大小厚薄一致。

（3）展台、流水台上服装的叠装陈列需体现附加值，展示不同的可搭配销售的产品。

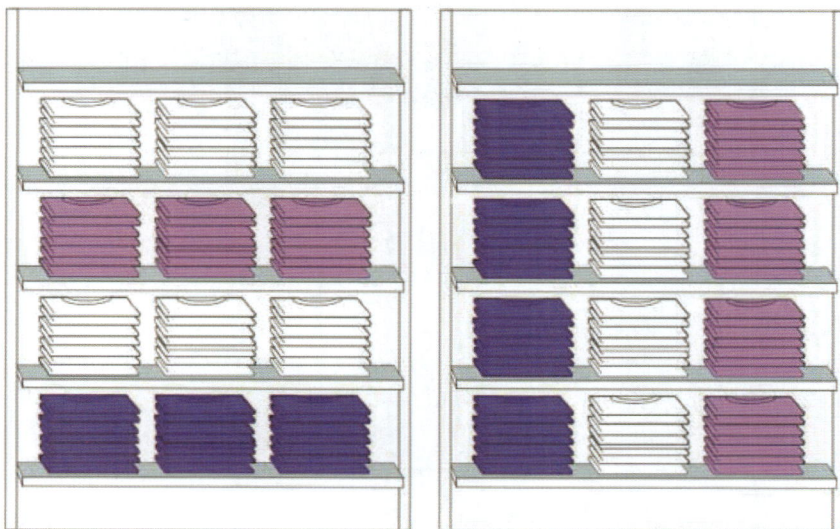

图4-5　服装叠装陈列

（五）服装对称陈列

服装对称陈列适用于货品数量较多时，给人以安全感、平衡感，如图4-6所示。

图4-6　服装对称陈列

（六）服装对比陈列及均衡陈列

服装明暗颜色的搭配，形成鲜明的对比，有较强的吸引力、震撼力，给人较深的印象，一般用于运动休闲系列服装的陈列，如图4-7所示。

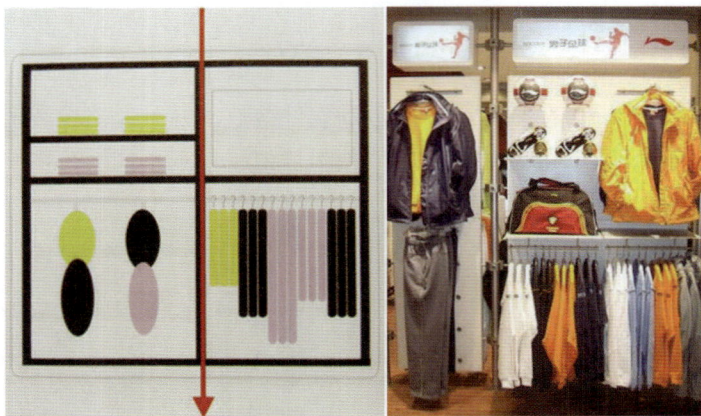

图4-7　服装对比陈列

（七）服装层次陈列

将货品按照颜色或规格做间隔排列，形成层次感，如图4-8所示。

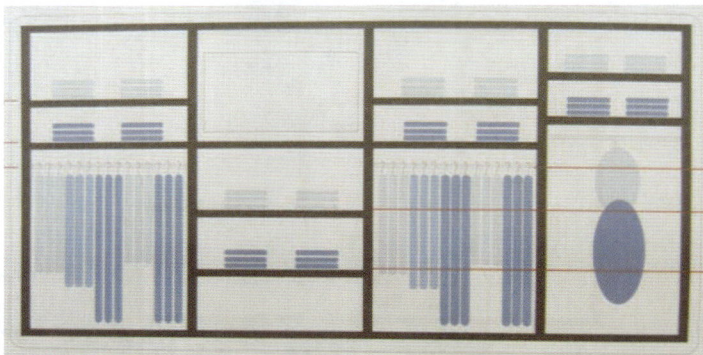

图4-8　服装层次陈列

（八）服装分类陈列

服装分类陈列是指按品类、原料、用途、尺寸、色彩甚至目标顾客的性别、年龄对在售服装进行分类这是陈列展示的一种方式。

1. 依类别分类陈列

根据服装类别、样式的不同分类，可分为衣服区、裤子区、裙子区等，该陈列方式方便盘货统计，也有利于顾客的挑选，如图4-9所示。

图4-9 依类别分类陈列

2. 依服装面料分类陈列

　　该陈列根据服装面料的差异进行陈列，例如毛衣、西装、皮衣专柜，该陈列方式有利于顾客选择自己想要的服饰，但仅限于根据大类陈列，如图4-10所示。

图4-10 依服装面料分类陈列

3. 依用途分类陈列

　　这种陈列方式适用于男装，根据不同场合的不同穿着进行分类陈列，一般可分为休闲装、职业装，如图4-11所示。

图4-11　依用途分类陈列

4. 依目标顾客的性别、年龄进行分类陈列

一般适应于流行性服饰，多依男、女区分，再细分年龄等。如女装依使用对象分，可分成少女、家庭主妇、职业妇女、中年妇女等类，如图4-12所示。

5. 依尺寸分类陈列

依尺寸的大、中、小号陈列，该分类陈列方便顾客选择适合自己号型的服饰，方便试穿，但不适用种类众多的服饰店铺，分类、整理工作量大，影响效率。考虑到儿童选衣最重要的指标是尺寸，因此，依尺寸分类陈列方法适合童装店，如图4-13所示。

图4-12　依目标顾客年龄进行分类陈列

图4-13　依尺寸分类陈列

（九）配饰品的陈列及整理

配饰品展示的要点是通过细节体现精致的品位，因此对配饰的细节整理尤其重要。

1. 鞋

鞋的吊牌要放在鞋里面，并保持清洁；鞋底要贴上透明鞋底胶；扣上鞋扣，系好鞋带；鞋内的填充物不可以外露，高筒靴用专用支架填充。

2. 背包

背包在陈列时要塞满填充物，使其保持完整的造型，背包的包带应整理整齐，吊牌不可以外露，包装在背带、拉链扣上的包装纸要拆除。

3．皮带

皮带在陈列时一律要去掉包装。挂在饰品墙上展示的皮带，注意在长短、宽窄、数量方面都要保持均衡，一个挂通陈列2～4条皮带比较合适，挂放顺序前窄后宽，长短一致或前短后长。

4．围（领）巾

围（领）巾一定要熨烫平整，可配合人体模型或正挂搭配展示，也可挂放在饰品墙。挂放在饰品墙的围巾、领巾注意用适当的细节手法，增强展示效果。

5．眼镜、钱包等小饰品

小饰品注意时常清洁保养，可配合人体模型或正挂搭配展示，也可搁置在专用饰品架上。

（十）陈列中应避免的问题

（1）产品陈列无系列化、生活化搭配，无感染力，未能表达消费概念。

（2）硬性将无关联的展示物、POP和产品堆砌在一起，喧宾夺主，主题含混、牵强。

（3）POP海报残损、过季仍未替换。

（4）在墙面、镜面、货架、橱窗玻璃等处随意张贴饰纸、告示、POP海报等。

（5）系列中无明确界定特价品和全价品展示区域单元，且无明确标识。

（6）展示数量失调、多则拖沓拥挤，少则寥若晨星。

（7）系列中季初、季末商品陈列区域不调整，陈列方式一成不变。

（8）光源失调、残损，照明无自然还原效果，误导消费者。

（9）店堂的音乐、香味运用不当，弄巧成拙。

三、服装陈列道具

服装陈列道具分为陈列道具和展示道具。陈列道具是在商业空间展示设计中用于商品的衬托和商业空间展示设计与环境陈列搭配的物件，主要用于装饰空间，配合主体空间的搭配和空间意境的营造；展示道具主要体现在展示用品、商用设施和器材，主要用于衬托产品，搭配灯光营造视觉冲击，突出产品的品牌档次及方便顾客挑选。

陈列道具的创新陈列，可使商业品牌产品品位提升、突出艺术展示效果，对于一些常用的普通服装等商品，使用展示道具能够很好地展示商品，吸引消费者的视线。

（一）形象墙天花吊挂挂通

挂通，作为货架的一种形式，用途非常广泛。形象墙天花吊挂挂通，是指将挂通固定在店铺形象墙前的天花板吊顶上，展示主打商品或用于新品上市的展示，如图4-14所示。

图4-14　形象墙天花吊挂挂通

（二）板墙层板挂通

　　层板挂通是将层板和挂通组合在一起，层板上陈列箱包、鞋子等配饰，挂通陈列系列服装，一般情况下，层板挂通多固定在店铺周围两边的墙上，称为板墙层板挂通，如图4-15所示。

　　如果层板挂通做正面陈列，层板上搭配相应配饰品种类、数量不超过3个；正挂的货品下面摆放相对应的鞋品。层板可摆放装饰道具、包品、鞋品或丝巾等组合陈列，选择的配饰需与其同一板墙所陈列的货品为同一色系的。

　　1.2m至2m的层板选用2～3个种类的配饰品陈列，如1个包品、1条丝巾以及1双鞋子。2.2m到3m的层板选用3～5个种类的配饰品陈列，如2个包品、2条丝巾以及1双鞋子。

图4-15　板墙层板挂通

（三）中岛

　　中岛是摆放于卖场中间，不依附墙面用于展示商品的货架或货柜，外观时尚大方，且具有移动灵活、搬运方便、组装简单等优点，中岛可分为中岛架和中岛柜。

　　1. 中岛柜

　　中岛柜有托板和挂钩，分为坐地式中岛展柜，靠墙式展柜，悬空式中岛展柜，中岛展柜一般用密度板、亚克力、玻璃、五金（不锈钢）、LED等材料制成，如图4-16（a）所示。

2. 中岛架

中岛架一般为挂式中岛，结构简单，主要是用于正挂或侧挂的货架，中岛展柜一般用木材、密度板、五金（不锈钢）、铁丝等材料制成，如图4-16（b）所示。

冬季中岛架摆放上衣之间的距离保持在10cm左右，1.2m中岛架陈列10～12件，1.4m中岛架陈列12～14件，1.6m中岛架陈列14～16件（如有正面点挂，则减去60cm后再依照要求进行陈列）。

（a）　　　　　　　　　　　　　　　　　（b）

图4-16　中岛陈列

（四）层板陈列

层板陈列（图4-17）是依托在店内墙壁上，固定一定宽度和长度的层板，用于摆放辅助类货品的一种陈列方式，层板一般选择木质、玻璃、不锈钢等材料。适用于物品的组合陈列，可摆放装饰道具、包品、鞋品、丝巾等组合陈列。1.2m到2m的层板选用2～3个种类的配饰品陈列，如1个包品、1条丝巾以及1双鞋子。2.2m到3m的层板选用3～5个种类的配饰品陈列，如2个包品、2条丝巾以及1双鞋子。选择的配饰需能与其同一板墙所陈列的货品为同一色系。

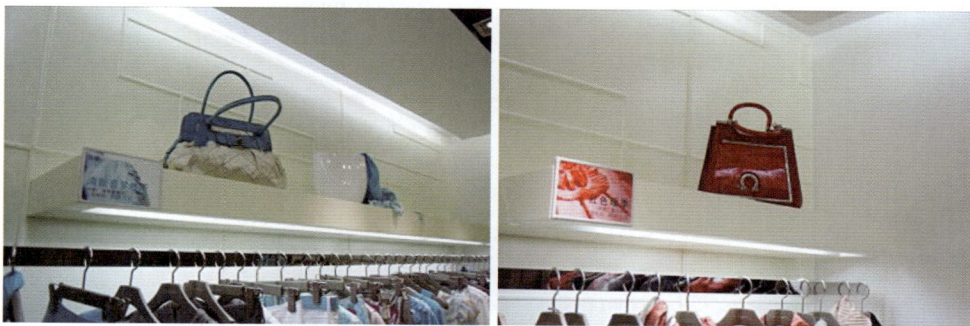

图4-17　层板陈列

（五）S型精品柜

S型精品柜是陈列道具的一种，具有陈列、保护和收藏商品的作用，一般由木质或金属等材料制成。S型精品柜按展示方式分为单面、多面及橱窗式展柜，可摆放装饰道具、包品、鞋品、丝巾等组合陈列。

S型精品柜本身就有设计分割空间，所以常用于空间结构的布局，如图4-18所示。上层可陈列非常规陈列道具，可配搭丝巾或鞋品。中层可陈列丝巾、皮带、鞋品或非常规陈列道具。底层可组合陈列包品和丝巾。

图4-18 S型精品柜

（六）展台

展台类道具是承受和衬托服饰品实物的道具。其作用是使商品与地面隔离，形成展品不同的空间分隔，展台通过保护、衬托、组合展品，起到丰富展示空间层次、引人注目的效果，如图4-19（a）所示。

展台所陈列的多为配饰品，不建议将服装平放于展台平面上，展台所陈列的配饰品需为同一色系，如该组陈列蓝色系（辅助色为灰色、黑蓝色），可选用蓝色丝巾、皮带，蓝色、灰色包品，灰色鞋品等陈列于同一个展台上，使其陈列为统一整体。另外，展台所选择的配饰品最好与展台附近挂通陈列的货品为同一系列货品，可有效凸显其整体性。

配饰可与陈列道具组合陈列，如图4-19（b）所示，以"黄金三角"的模型构造货品展示了立体、简洁的组合陈列效果。

（a） （b）

图4-19 展台

（七）人台和人体模型展台

人台和人体模型是用来展示最新流行的服装款式，以介绍货品和提高货品的价值为目的。人体模型有仿真类和抽象类等形式，如图4-20（a）所示。人体模型的合理运用，可以营造生活场景，传达服饰品牌的理念，拉近与顾客的距离。

人体模型的站立位置可根据实际店铺情况合理调整，人体模型之间要前后错落需要有层次感，人体模型正面分别面向不同人流方向。人体模型出样的货品必须经过熨烫才可以出样展示。注意人体模型出样时肢体语言的表达，以及穿着货品的细节，如扣子是否扣好，衣服是否穿着正确等。每个人体模型陈列位的照明射灯要调整好，达到最佳效果，深色服装需要更多照明。与人体模型着装搭配的配饰品的数量、种类不能超过4种，如图4-20（b）所示。

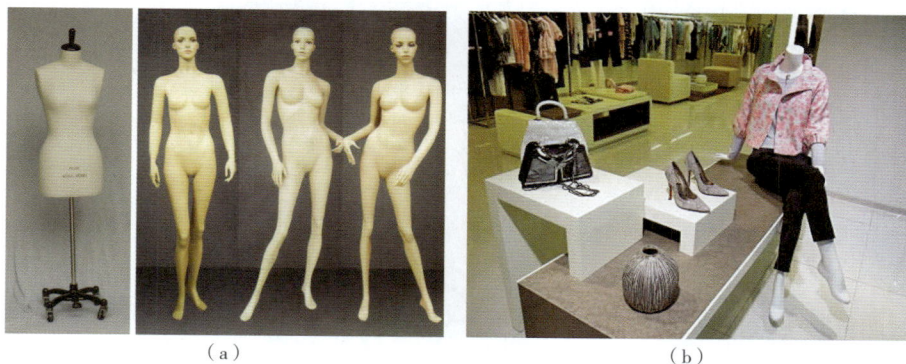

（a）　　　　　　　　　　　　　　　　　　（b）

图4-20　人台和人体模型

四、陈列服装色彩搭配

（一）色彩搭配

1. 色彩的分类

（1）根据色温区分：冷色、暖色、中性色。

（2）根据面料质地区分：有光泽色和无光泽色，有光泽色：质地为真丝，绸缎之类；无光泽色：麻、毛等。

（3）根据色彩倾向区分：有彩色和无彩色，无彩色：黑、白、灰等；有彩色：有明显色彩倾向的红、蓝、绿。

2. 色彩的感觉

（1）冷色调：收缩感显瘦，多代表深沉、庄重、文静。

（2）暖色调：膨胀感显胖，多代表热情、活泼、轻快。

（3）调和色：色环上相差60度的色彩，由同一种色调变化出来的，如墨绿与浅绿，深红与浅红，咖啡与米色等，配色柔和淡雅，给人温和协调的感觉。

（4）对比色：色环上相差180度的色彩，如红绿、蓝橙、黄紫等，给人以强烈、鲜丽、跳跃的感觉。

3. 颜色代表的性格

（1）红色代表：活跃、热情、勇敢、爱情、健康、野蛮。

（2）橙色代表：富饶、充实、未来、友爱、豪爽、积极。

（3）黄色代表：智慧、光荣、忠诚、希望、喜悦、光明。

（4）绿色代表：公平、自然、和平、幸福、理智、幼稚。

（5）蓝色代表：自信、永恒、真理、真实、沉默、冷静。

（6）紫色代表：权威、尊敬、高贵、优雅、信仰、孤独。

（7）黑色代表：神秘、寂寞、黑暗、压力、严肃、气势。

（8）白色代表：神圣、纯洁、无私、朴素、平安、诚实。

4. 服装陈列时色彩搭配

（1）对比色搭配：

强烈色配合：指两个相隔较远的颜色相配，例如，黄色与紫色、红色与青绿色，这样配色比较强烈。

补色配合：指两个相对的颜色的配合，例如，红与绿，青与橙，黑与白等，补色相配能形成鲜明的对比，有时会收到较好的效果.黑白搭配是永远的经典。

（2）协调色搭配：

同类色搭配原则：指深浅、明暗不同的两种同一类颜色相配，比如：青配天蓝，墨绿配浅绿，咖啡配米色，深红配浅红等，同类色配合的服装搭配显得柔和文雅。

近似色相配：指两个比较接近的颜色相配，例如，红色与橙红或紫红相配，黄色与直绿色或橙黄色相配等。

（3）色系搭配：

暖色系+冷色系：红+蓝、黄+紫，此配法是相对配色。

浅色系+深色系：浅蓝+深蓝、粉红+铁灰，此配法是深浅配色。

暖色系+暖色系：黄+红、黄+绿，此配法是同系配色。

冷色系+冷色系：灰+黑、紫+黑，此配法是同系配色。

明亮系+暗色系：白+黑，此配法是明暗配色、深浅配色、明暗配色的搭配，营造出的视觉效果不同。

第二部分 实训环节

一、实训准备与安排

1. 实训时间

实训周期2周，课堂展示时间2课时，共30人。

2. 实训地点

服装营销实训室。

3. 实训前的准备

了解卖场陈列的目的与作用，熟悉并掌握服装卖场的基本布局，掌握服装店铺货品陈列的基本方法与技巧、陈列常用道具等。

二、实训内容与要求

1. 实训内容

（1）掌握卖场陈列的目的与作用。

（2）掌握服装卖场的基本布局对消费者行走路线的影响。

（3）掌握服装店铺货品陈列的基本方法与技巧。

（4）掌握常用陈列道具的使用。

2. 实训要求

（1）要求学生复习和预习相关基本理论，做好实训前的知识准备。

（2）要求教师在实训过程中做好组织工作，给予必要的、合理的指导，使学生加深对知识的理解，提高实际应用和操作的能力。

三、实训组织方法与步骤

（1）将学生分为若干小组，每组8~10人，每组设组长1名，负责组织本组成员进行实训。

（2）各小组讨论、分析、研究实训要求，确定工作内容，并由组长确定人员具体分工。

（3）实训前，教师先培训组长对实训中用到的设备和仪器的使用，由各组组长对本组成员进行设备和仪器的操作使用培训。

（4）组长组织小组讨论，对实训安排和指导情况进行书面汇报。

（5）随机抽查学生，对服装店铺的陈列道具进行应用考核，并对店铺陈列基本方法和技巧进行检验。

（6）其他组同学点评，然后教师讲评。

四、实训考核（表4-1）

表4-1 实训考核评分表 　　　　　单位：分

考核项目	分值
货品陈列基本方法	40
服装货品陈列技巧	30
陈列道具的运用	30
合计	100

项目五　服装卖场推销技巧

实训目的

　　本项目旨在通过提供服装终端卖场导购员经常遇到的情况及应对策略（正确与错误实例），要求学生进行有针对性的模拟销售训练，实现依靠推销员发挥主观能动作用，运用各种说服技巧达到销售目的，培养学生具备导购员的专业素养：自信心、耐心、热情、良好的心态、丰富的专业知识、高超的销售技巧。

　　推销是一个古老的名词，是人们所熟悉的一种社会现象，它是伴随着商品交换而产生，伴随着商品交换而发展。推销是现代企业经营活动中的一个重要环节，是指推销人员运用一定的方法和技巧，帮助顾客购买某种商品和劳务，以使双方的需要得到满足的行为过程。推销主要依靠推销员发挥主观能动作用，运用各种说服技巧达到销售目的。一名优秀的服装卖场导购须具备以下几点：自信心、耐心、热情、良好的心态、丰富的专业知识、高超的销售技巧。

第一部分　理论知识

一、导购推荐服装的开场技巧

　　服装行业竞争日趋激烈，仅凭导购员热情的问候来接近消费者是不够的，消费者往往表现出不回答或者回复"随便看看"便扭头走开。面对这种普遍情况，导购员该怎么做？是放任消费者走开，还是不放弃，扭转局面？服装销售是一项技能，也是一门艺术。要成为一名优秀的服装销售人员，不仅要有热情的态度，还要注意接待消费者时，做好开场接待工作，仔细观察，洞察顾客内心世界，对症下药。

　　（一）技巧1：新品、新货、新款开场的技巧

　　服装销售最大的特征是其强烈的季节性和时尚性，每季的货品在面料、主打色、款式等方面都有不同，而顾客购买服装最强烈的出发点也是出于对服装这些特征的需求，因此，介绍新季、新款商品便是导购员接近顾客最好的切入点。

1. **正确用语**

（1）开门见山。"您好，这是我们刚到的秋冬最新款，我来给您介绍……"

（2）新款加赞美。"您好，您眼光真好，这双鞋是今年秋冬最流行的款式，穿起来会显得非常与众不同，请您试一下，这边请。"

（3）突出新款的特点。"您好，这是今年夏天最流行的露趾、绑带凉鞋，特别符合您的气质，穿上后您会显得更加妩媚动人。我帮您试穿一下，看是否合脚，这边请。"

（4）表达新款的畅销。"您好，这是我们最新款的金属色系带凉鞋，是今年夏天的流行款，金属色系带风格非常受欢迎，请这边试穿一下。"

（5）突出新款式的利益点。"您好，这款鞋是今年夏天的流行时尚款，木纹跟的原木色调搭配铆钉展现了率真自我的风格，镂空设计让随性中流露出自然的性感，我帮您搭配试穿一下，这边请。"

（6）突出新款的卖点。"您好，您眼光真好，这款鞋是今年春夏最流行的休闲款式，蝴蝶结圆头鞋，和正装、休闲装都好搭配。"

2. **一般会得到消费者直接拒绝错误用语**

（1）"您好，现在有新款刚刚到货，请问您有没有兴趣?"

（2）"您好，夏季新款刚刚上市，您要不要试穿一下?"

（3）"您好，冬季新款刚刚上市，您要不要看一下?"

（4）"您好，这是我们的最新款，您喜欢吗?"

（5）"您好，今年流行金色，您喜欢吗?"

（二）技巧2：促销开场使用重音用语

促销在服装零售中使用非常普遍，手段也是各种各样。由于服装的季节性特点，促销俨然已成为销售的重要手段。促销的开场白同样是导购员经常会用到的技巧，然而许多促销却被我们终端导购员白白浪费了，促销语言中，重音的运用是重中之重。正确使用重音如下加下划线文字部分。

（1）"您好，我们店里正好在做促销，<u>现在买是最划算的时候!</u>"

（2）"您好，欢迎光临××品牌，现在全场货品88折，<u>凡购满1000元即可送</u>……"

（3）"您好，您真是太幸运了，现在优惠大酬宾，<u>全场5折</u>。"（即使9折，也要突出9的重音）

（4）"您好，您来得正好，我们店正在搞活动，<u>现在买是最划算的时候!</u>"

（5）"您好，您运气真好，现在优惠大酬宾，<u>全场88折</u>。"

（三）技巧3：赞美开场

赞美的话谁都爱听，因此，赞美是很好的开场技巧之一。到位的赞美必将让那些爱美的女士心花怒放。正确使用赞美用语如下。

（1）"您好，您真有眼光，您手里拿的正是我们秋冬的最新款……"

（2）"您好，您气质真好，……"

（3）"您好，您的身材真好，……"

（四）技巧4：唯一性开场语言

物以稀为贵，对于顾客喜欢的货品，导购员要表达出购该货品机会难得的话语，促使顾客当下决定购买，因为走出了你店的顾客就不再受你的影响，因为导购员没有她（他）的电话号、E-mail、QQ或微信，所以务必要让顾客在当下买单。正确使用唯一性用语如下。

（1）"我们促销的时间只有这两天，过了就没有优惠了，所以现在买是最划算的时候……不然您得多花好几十甚至上百元，那些钱拿来多买个包包或者配饰多好……"（突出制造促销时间的唯一性，机会难得，同时要注意重音的表达）。

（2）"您好，我们的这款鞋子是法国设计师设计的最新款式，为了保证款式的唯一性，这款是国内限量生产、限量发售的款式，在我们店这个款已经不多了，建议赶快试试"（突出货品款式的唯一性，机会难得）。

（五）技巧5：制造热销开场语言

当顾客表现出对某款鞋有好感时，导购员应该趁热打铁，渲染热销的气氛。正确使用制造热销用语如下。

"这是××品牌重点推出的秋冬最新款，在××地区的店铺这款已经卖断码了，在我们店也只有3双了。建议您试试，我帮您看看有没有您合适的鞋码。"

（六）技巧6：功能卖点

在货品竞争同质化的今天，货品在设计、功能上的差异性是最具竞争力的卖点，这种卖点的独特性，可以成为好的开场介绍方法之一。突出功能性正确用语如下。

"您好，这款鞋正好是我们品牌今夏特别设计的款式，是采用特殊面料和最新鞋底制作工艺，穿起来特别舒适，并能对足底起到按摩作用。"

以上所述的六种开场技巧可以组合运用：新款加赞美，新款加促销，促销加热销，促销加唯一性，功能加促销等。导购员应将开场词烂熟于胸，视现场服务顾客的需要而表达适合的开场词。

二、处理与顾客关系的语言

（一）现象与对策1

【现象】

当导购建议顾客试穿衣服，可是顾客就是不肯采纳导购建议。

【错误应对语言】

"喜欢的话，可以试穿。"

"这是我们的新款，欢迎试穿。"

"这件也不错，试一下吧。"

【问题诊断】

在以上回答中，无一不是顾客听到最多的回答，会给消费者敷衍的感觉，而目前的消费者自我思考意识尤为强烈，顾客对于导购这样的引导语言往往表现出反感的情绪。

【导购策略】

服装店铺导购员要有创新意识，打动顾客的核心因素，除了货品本身，热情的态度和动听的语言是导购员的两大法宝。导购语言要随着消费群体和时代的变化而改变，不能总是用一成不变的语言与思维去应对顾客不断变化的需求和越来越挑剔的要求，要在各方面进行创新，这其中就包括沟通中与顾客的语言交流。

【正确交流语言】

（1）"女士，您真的非常有眼光，这件衣服是我们这个礼拜卖得最好的一款，每天都要卖出五六件，以您的身材，我相信您穿上后效果一定不错！来，这边有试衣间请跟我来试穿一下，看看效果怎么样。"不等回答就提着衣服主动引导顾客去试衣间，尤其适用于犹豫不决的顾客。如果对方还不动，可继续说："小姐，其实衣服每个人穿的效果都不一样，就算我说得再好，如果您不穿在身上也看不出效果，您买不买真的没有关系，来我帮您把衣服的扣子解开，"再次拿起衣服主动引导顾客试穿。

（2）"女士，您真有眼光，这款衣服是我们的新款，卖得非常好，我给您介绍一下，这款衣服采用××工艺和面料，××风格与款式，非常受您这样的白领女性欢迎，以您的气质与身材，我认为您穿这件衣服效果一定不错，光我说好看还不行，这边有试衣间，您可以自己穿上看看效果，这边请。"提着衣服引导顾客去试衣间，如果对方还是不动可继续说："小姐，我发现您似乎不大愿意去试，其实您今天买不买这件衣服真的没有什么关系，不过我确实是想为您服务好，请问是不是我刚才的介绍有什么问题？还是您根本不喜欢这个款式？为了我能更好地为您提供服务，您可以告诉我吗？谢谢您！"如果顾客说不喜欢这款式，则转入询问推荐阶段。

（二）现象与对策2

【现象】

导购热情接近顾客，顾客却冷冷的回答："我随便看看"。

【错误应对语言】

"没有关系，您随便看看吧。"

"哦，好的，那您随便看看吧。"

"您先看看，喜欢可以试试。"

【问题诊断】

热情的态度并无不妥，但过度的热情会适得其反，甚至会让顾客产生抵触情绪，究其原因，可能是多方面的，但往往是由于顾客的戒备心理所在。作为导购员，不能使用消极语言应对，因为要想再接近顾客就变得困难重重。

【导购策略】

导购员在接待顾客时，要做到站好位、管好嘴，选择适当的时机接近顾客，遇到心存戒备的顾客时，要尽量想办法减轻顾客戒备，找到接近顾客的理由，推进双方的沟通。

【正确交流语言】

"是的，买衣服一定要多了解多比较，这样非常正确，没关系，您现在可以多看看，等到哪天想买的时候再来找我，我帮您挑一件合适的衣服，请问您一般比较喜欢穿哪一类风格的衣服？"

"没问题，女士，现在买不买没关系，您先看看店里的衣服，多了解一下我们的品牌，来，我帮您介绍一下，请问您一般喜欢穿什么样的衣服款式，现在赚钱都不容易，买一件衣服对我们来说也是一笔不小的开支，多了解一下完全必要。总之不管顾客买不买，我们的服务都应是一流的。"

（三）现象与对策3

【现象】

顾客很喜欢，可陪伴者说："我觉得一般或到别的地方转转看。"

【错误交流语言】

"不会啊，我觉得挺好的。"

"这是我们这季的重点搭配。"

"这个很有特色呀，怎么会不好看呢？"

"甭管别人怎么说，您自己觉得怎么样？"

【问题诊断】

服装销售过程中，陪伴购物的关联者越多，衣服销售出去的难度就越大。服饰店铺中经常出现顾客对衣服很满意，但陪伴者一句话就能让销售终止的现象，确实令人头疼。其实，关联人既可以成为成功销售的敌人，也可以成为成功销售的助手，关键是看导购如何运用关联者的力量。只要从以下方面入手，就可以发挥关联者积极的作用，并尽量减少其销售过程的消极影响。

【导购策略】

第一，不要忽视关联人，店面销售人员要明白，关联人也许不具有购买决定权，但具有极强的购买否决权，对顾客影响非常大，所以顾客一进店，你要首先断定谁是第一关联人，并对关联人与顾客一视同仁的热情对待，不要出现眼前只有顾客而将关联人晾在一边情况，这里有几个技巧可以善加运用：

（1）在销售过程中通过目光的转移，让关联人感受到尊敬和重视。

（2）适当征求关联人的看法和建议。

（3）赞美顾客的关联人。

（4）通过关联人去赞美顾客。

第二，关联人与顾客相互施压，有时候关联人可能会为朋友推荐衣服，当顾客穿上衣服感觉满意并且你认为确实也不错的时候，你就可以这样说："这位小姐，您的朋友对您真是了解，她给您推荐的这套衣服穿在您身上非常时尚与个性。"这句话会给顾客压力，因为她不大好直接说衣服难看，或多或少要给朋友一个面子，何况她本身也喜欢这款衣服，如果是顾客自己选的衣服，顾客表现得很喜欢，此时你也可以对关联人说："这位先生，您的女朋友应该很喜欢这件衣服。"因为这件衣服顾客确实喜欢，加上你前期与关联人的关系处理得也不错，此时关联人直接说衣服难看的概率就会降低因为这样等于是说顾客没有眼光和欣赏水平，会让顾客很没面子，所以也会给他造成一定的心理压力。

第三，征求关联人的意见，最愚蠢的导购就是将自己与关联人的关系搞得非常对立，这无助于问题的解决及销售的推进，如果销售中确实出现关联人的消极行为，为了增加销售的成功率，导购可以采用将关联人拉为合伙人的办法，共同为顾客推荐衣服。

【正确交流语言】

对关联人："这位小姐，您对您的朋友真是用心，能有您这样的朋友真好，请教一下，您觉得什么样的款式比较适合您的朋友呢？我们可以一起来交流看法，然后一起帮您的朋友找一件最适合她的衣服好吗？"

对顾客："您的朋友对您真是用心，能有这样的朋友真好，请问这位小姐，您觉得该款服装什么地方不合适，您可以告诉我，我和您的朋友一起帮您找一件更适合您的衣服。"

（四）现象与对策4

【现象】

处理服装的穿着问题。顾客可能会说："我不喜欢这款，太成熟了，穿起来显得好老气。"

【错误交流语言】

"这样的风格最适合您了。"

"我觉得这样反而显得您年轻多了。"

"不会啦，这样显得您干练许多。"

"怎么会不适合呢？要不您看点别的吧。"

【问题诊断】

"这样的风格最适合您了""我觉得这样反而显得您年轻了许多""不会啦，这样显得您干练了许多"，这样空洞的表述缺乏应有的支持力度，显得不够真诚；"怎么会不适合呢？要不您看点别的"则是没有任何努力就轻易放弃，也不可取。

【导购策略】

没有不好的商品，只有不会销售的销售员，没有卖不出去的衣服，只有不会卖衣服的导购人员，任何类型、款式及风格的衣服都有其独特的卖点，作为导购遇到销售不景气的时候一定不要一味责备商品、公司及品牌的不好，销售员真正要做到的是认真寻找商品的卖点，寻找自己的问题及改进工作的办法。

任何一种风格的衣服都会有不同的穿着场合，特定的目标顾客群体及产品优势，导购应适当引导顾客去对号入座，当然如果顾客确实不喜欢，导购应适当的询问对方希望的风格类型，不可以一条路走到底不知回头。

【正确交流语言】

"是的，这款看起来稍微显得成熟些，不过您是希望在办公场合穿，所以成熟会显得您比较职业化，其实这样的穿着反而有利于您更好地开展工作，昨天上午就有位职业女性买了一件这种款式衣服。"

"是的，这一款确实是比较成熟一些，那么您希望穿起来是怎样的感觉？您告诉我，我再给您参谋一下，好吗？我相信我一定可以找到适合您的衣服。"

"哦，小姐，我在服装行业做了快五年了，您希望听一下我的意见吗？（针对沟通良好的顾客）至于您的身材、皮肤及职业考虑，我个人认为这款衣服您穿起来比较合适，一点都不显老气，这种花色给人的感觉是××，颜色给人的感觉是××，款式给人的感觉是××，您可能平时比较少穿这种款式的衣服，所以不习惯，其实您只要试一下效果就出来了，来小姐这边请……（引导顾客试衣）。"

（五）现象与对策5

【现象】

导购介绍完衣服后，顾客什么都不说转身就离开。

【错误交流语言】

"好走不送。"

"这件衣服看上去效果很不错的。"

"小姐稍等，还可以看看其他款。"

"您如果真心要买可以再便宜点。"

"您是不是诚心买衣服，看着玩啊？"

【问题诊断】

"好走不送"如果是导购真诚的语言，那么导购就是好心好意的将顾客推出店铺，当然绝大多数情况下，我们的导购说这句话的时候带着一些不满情绪，这样的语言让顾客觉得受到嘲讽和侮辱。"这件上衣看上去效果很不错的"导购说这句话顾客已经转身离开了，说明她对这款衣服不感兴趣，可是导购仍然说效果很好，纯粹牛头不对马嘴。"小姐稍等，还可以看看其他款式"则是导购根本没有了解顾客的需求点，这样的介绍做得越多，顾客越没有兴趣。"您如果真心要可以再便宜点"导购成了报价员，总是期待用价格来打动顾客，这么做一方面人为的挑起价格战，另一方面也降低了店铺的利润水平。导购要学会找自己的原医，不可以遇到问题就挑剔顾客以原谅自己的过失，"您是不是诚心买衣服，看着玩啊？"这种语言将激怒顾客并可能引起双方争执。

【导购策略】

导购一定要管好自己的嘴巴，说顾客喜欢听的话，做顾客希望你去做的事，而不能信口开河，随心所欲的做事，说出去的话就像泼出去的水，图眼前舒服，逞一时之快只会给自己招致更大的损失。

就本例而言，导购首先要检讨为顾客介绍衣服的时机是否正确，一般而言，当顾客对衣服有兴趣或需要帮助，导购及时介入进行有效的介绍成功率会更大，如果时机没有问题，接下来导购应该反省自己是否没有针对顾客的真实需求来介绍。当然上述现象出现后导购也可以真诚道歉，主动承担责任，再次真诚的询问顾客，以求得再次为顾客服务的机会。

【正确交流语言】

"小姐，请留步！不好意思，刚才一定是我服务不到位了，所以先跟您说一声抱歉，不过我真的很想为您服务好，能不能麻烦您告诉我您要什么风格的衣服呢？我来帮您再做一次推荐好吗？"

"小姐，请留步，真是抱歉。刚才我一定是没有介绍到位，所以您没有兴趣继续看下去，不过我确实是真心想帮您找一款适合您身材与气质的衣服，所以能不能 麻烦您告诉我您真正的需求，我再重新帮您找一款适合您的衣服，好吗？谢谢您！小姐，请问……"（重新了解顾客的需求和意图）。

"小姐，我想我刚才的表现一定是让您不满意了，我看您没有任何表示就走了，真是抱歉，我是刚刚入行的导购员，还请您多多包涵，不过我是真心想为您服务的，所以您可不可以再给我一次机会，我想我一定可以找到适合您的衣服。'

（六）现象与对策6

【现象】

顾客试穿了几套衣服之后，什么都不说转身就走。

【错误交流语言】

"难道就没有一件喜欢的吗？"

"您刚刚试穿的这件不错呀。"

"您到底想找什么样的衣服？"

"怎么搞的，什么话都不说。"

【问题诊断】

"难道就没有一件喜欢的吗？"属于非常无趣的语言，容易得到对方的消极回答；"您刚刚试的这件不错呀"则属于"找打"的语言，很难使顾客留下匆匆离开的脚步；"您到底想找什么样的衣服"语气太生硬，让顾客有导购不耐烦的感觉；"怎么搞的？什么话都不说"属于导购的消极想法，出现这种问题，导购应该认真反思自己是否有做得不够好的地方并加以改进，而不能认为是顾客不原谅自己。导购一定要慎记：没有命中靶心的错，我们没有把东西卖出去，那不是顾客的错，但绝对是我们的错。

【导购策略】

导购可以通过主动且真诚地承担责任求得顾客的谅解，同时坦成的与顾客沟通，请求顾客告诉自己不喜欢的原因及真正需求，有时候甚至可以躬下身子虚心请教，这种出其不意的行为往往是可以收到奇效！

【正确交流语言】

"这位女士请您先别急着走，好吗？请问是不是这几款您都不喜欢呀？还是我的服务没有做到位？您都可以告诉我，我会立即改进，真的我是真心想为您服务好，您可以告诉我您真正想找的是什么样的款式呢？"

"这位女士，不好意思，请您先别急着走，其实我觉得您刚刚试的那一套非常好，是什么原因让您不喜欢呢？……（探询原因）"

"哦，对不起，这都是我没解释清楚，其实那件衣服……（加以说明）"

"这位女士，能不能请您留步？是这样的，您买不买这件衣服没关系，我只是想请您帮个忙，我刚进入服装卖场并很喜欢这份工作，所以是否麻烦您能告诉我您不喜欢这套衣服的真正原因？这样也方便我改进工作，使自己取得更大进步，真的非常感谢您。"

（七）现象与对策7

【现象】

如何处理服装的品质问题。顾客很喜欢某款纯棉衣服，询问是否会褪色、缩水、起球。

【错误交流语言】

"不会，这款面料从来不会出现这种情况。"

"这个很正常，纯棉面料固色性差，这种情况难免都有点。"

"您洗的时候稍微注意点，应该不会出现这种情况。"

"您洗的时候注意以下几点……（详细介绍保养知识）。"

【问题诊断】

"不会，这种面料从来不会出现这种情况"，这种回答除非对面料有100%把握，否则导购就是在为自己日后制造麻烦；"这个很正常，纯棉面料固色性差，这种情况难免都有点"，这么说会降低顾客购买欲望的热情；"您洗的时候注意以下几点……"非常详细地向顾客介绍洗、晒、穿时的注意事项，会让顾客感觉纯棉的衣服过于麻烦，尤其是男性顾客都非常讨厌这一点，所以这种方法也会降低衣服销售出的概率。以上几点对应方式都存在一定的问题，不利于提高销售成功率。

【导购策略】

服装店铺导购员都非常关心如何处理衣服褪色、缩水以及起球、变形的问题，导购员每天都会遇到该类问题，可以从以下四方面入手：

首先，认同顾客提出的有关品质的问题。

其次，提供足够确凿的事实与证据，用自信的心态让顾客感觉到这个问题其实不用担心，但不要明确告诉顾客到底是否会褪色、缩水以及起球等问题，可以从面料的舒适性、环保性等方面打消顾客疑虑，以免顾客扬长而走。

再次，弱化问题并转移矛盾。顾客提出的问题往往对销售是相对不利的，导购员要学会扬长避短，转移矛盾，尽量简单带过该类问题，并迅速将焦点转移到其他话题上，比如衣服是否合适，衣着效果和试衣事宜。

最后，抓住时机介绍，当对方确认要购买这件衣服并缴款后，导购员要用简洁的语言给他介绍衣服的保养事项，这样更容易提高成交率。

【正确交流语言】

"先生，您对买衣服还挺在行，您这个问题问得非常好，我们以前也有很多老顾客和您一样提出过这个问题，他们感觉纯棉面料穿起来确实很舒服，但偶尔褪色会让人感觉不舒服，不过先生，我可以负责任的告诉您这个品牌已经五年了，经我手卖出的至少有2000多件，到现在为止按我们所说的方法穿着、洗涤，您说的情况是非常少的，所以这个问题您大可不必担心，您应担心的是这件衣服是否真的适合您，因为衣服不适合，您买回去穿几次就只能放起来不穿了，那就非常可惜，您说是吗？"

"小姐您这个问题问得好，大多数纯棉衣服确实存在这些问题，不过我可以负责任告诉您，我们这个牌子的服装使用的纯棉面料都采用特殊的二艺处理，所以您大可放心，经我手卖出的至少有1000多件，到现在为止按我们所说的方法穿着、洗涤，您说的情况是非常少的，所以这个问题您大可不必担心，您应担心的是这件衣服是否真的适合您，因为衣服不适合，您买回去穿几次就只能放起来不穿了，那就非常可惜，您说是吗？小姐，这件衣服一定要试穿才能看出效果，来这边有试衣间，请跟我来。"

（八）现象与对策8

【现象】

你们这个牌子是刚出来的吧，我怎么从来都没有听过过呀！

【错误交流语言】

"是吗？我们的店开了好几年了。"

"是吗？我们在服装界很有名气。"

"我们已经在很多媒体上做过广告。"

"我们确实是新牌子，刚进市场。"

【问题诊断】

"我们店开了好几年了"和"我们在服装界已经很有名气"，这两种说法都在暗示顾客的无知，让顾客感觉很不舒服；"我们已经在很多媒体做过广告"和"我们确实是新牌子"，这就等于承认自己是新牌子，让顾客隐隐感觉到质量不够子，品牌有问题。

【导购策略】

顾客提出的问题如果确实是事实，导购要勇于承认，勇于承认缺点和错误的导购会获得顾客的尊重，当然承认不足也是有技巧的，一个聪明的销售人员很多时候可以将缺点转变成推销的转折点，就本现象而言，我们首先可以从自身检讨原因，紧接着向顾客介绍自己的品牌，然后迅速转入服装推销。

【正确交流语言】

"哦，真是可惜，这都是我的错，不过没关系，今天刚好您可以了解一下我们的品牌，来我帮您做一个简单介绍，小姐我们最近刚到的这几款服装卖得非常火，我认为其中有一两款特别适合您的皮肤和身材，来小姐这边请。"

"哎呀，真不好意思，这我们得检讨。不过没关系，很高心今天有机会跟您介绍我们的品牌，我们品牌已经有××年了，主要顾客……主要风格……我们的特色……我们最近上新了几款新款，我认为有两款特别适合您的职业与气质，来先生这边请。"

"小姐对服装行业真是了解，我们这个品牌其实做的时间也不短，只不过今年公司才决定进入我们这个区，以后还需要您多多捧场，我们衣服的主要风格……我认为有两款特别适合您的职业与气质，来小姐这边请。"

（九）现象与对策9

【现象】

如何处理顾客的价格异议。顾客可能会说："你们跟××品牌质量差不多，不过价格确比他们高很多。"

【错误交流语言】

"大体上看来说，是这样的。"

"差别不大，就那么几十块钱。"

"我们的款式大气，做工比较精细。"

【问题诊断】

"大体上来说，是这样的"和"差别不大，就那么几十块钱"，这两种说法实质上已经默认了顾客的说法，但并没有作任何解释说明；"我们的款式大气，做工比较精细，这种解释过于空洞，没有说服力。"

【导购策略】

有研究表明，顾客的消费潜力可以激发到其购买预算的150%。这告诉我们顾客在相似品牌之间进行价格比较的时候，考虑更多的并非几十块钱差价，关键是这个差价是否真正值得付出，其实有许多顾客宁愿多花些钱买一件更有特色与品位的服装。所以，作为导购不要因为自己的品牌比竞争品牌贵就自暴自弃，每个品牌的产品都有自己的优点，关键是我们要找到其优点并恰当地表述出来！

【正确交流语言】

"是这样，我们跟××品牌档次及消费群体确实差不多，所以很多顾客也在这两个品牌间作比较。虽然我们在价格上确实比您刚才说的那个品牌高一点，不过最后还是有许多顾客选择我们的品牌，他们最终看重的是……（简述差异性利益点）。小姐，衣服一定要试穿才看得出效果来，您先穿上体验一下就知道了。"

"是的，我们在价格上确实略高于××品牌，主要是因为……。所以体现在穿着上的差别是……。大多数选择我们品牌的顾客，就是冲着这些优点来的。虽然价格上会有一点差别，但是衣服常常一穿就是一整天，所以顾客还是比较乐意穿得更舒适一些。"

"是的，因为我们两个品牌在风格以及价位上都是比较接近的，所以很多顾客在比较的时候也都会问到类似问题。其实从风格和款式上来确实差不多，价格也只是有一点点的差异，但大多数在比较之后决定选择我们品牌的顾客都是因为……（加上卖点、差异点）因为更多的顾客希望自己穿上衣服后可以……（加上诱人的亮点）。"

（十）现象与对策10

【现象】

顾客说："我来你们店好几次了，我是诚心想要，你再便宜点我就买。"

【错误交流语言】

"如果可以，我怎么会不卖给您呢？"

"真的没有办法，如果可以，早就便宜给您了。"

"我们也是诚心卖，但价格方面真的不能让步了。"

"我也知道，但这是公司规定，我也没有办法。"

【问题诊断】

"如果可以，我怎么会不卖给您呢"和"真的没有办法，如果可以早就给您便宜了"，这两种回答都在告诉顾客别做梦啦；"降价肯定是不行的"，则属于非常直接地拒绝对方，没有任何回旋的余地；"我也知道，但这是公司规定，我也没有办法"，相当于导购拿公司规定做挡箭牌，显得自己很无奈，把公司推向非常冷漠、不近人情的地步，容易引起顾客反感。这几种回答都没有引导顾客并给顾客一个恰当的台阶下，属于比较消极的回答。

【导购策略】

有研究表明，回头客的购买率为70%。所以对待回头客，导购应该用非常真诚自然的语气与顾客沟通，将服装的利益点凸显给顾客，用强烈的、略带兴奋的语调推动顾客立即做出购买决定。当然，对于一些有讨价嗜好的顾客，我们也可以适当地在自己的权限内给予让步。但让步是有技巧的，导购让步的时候一定要先死守防线，在给足顾客面子的前提下毫不退缩，最后再找个台阶以少量退步为代价达成交易，例如送赠品等。

就本案而言，导购可有几种选择，首先，在给足顾客面子的前提下强化利益并坚持不让步，或者直接询问对方在不降价的前提下怎么做才可以成交，当然我们认为最好并且用得最多的一种方法就是先坚守防线，然后适当让步。

【正确交流语言】

"是的，我知道您来过很多次了，其实我也真的很想做成您这笔生意，至少我也有业绩嘛，您说是吧。只是真的很抱歉，价格上我确实不可以再给您优惠了，这一点还要请您多多包涵！其实您买衣服最重要的还是看是否适合自己，如果衣服便宜但不适合自己，买了反而更浪费钱，您说是吧？像这件衣服不仅适合您，而且质量又好，买了可以多穿几年，算起来还更划算一些，您说是吗？"

"是啊，我今天看您来过好几次了，我都有点不好意思了，因为您的这个要求我确实满足不了。不过我很想做成您的生意，您觉得除了降价之外，如果想要成交的话，我还能做些什么呢？我真的是很有诚意的。"

"是啊，您上周也来过，确实这件衣服非常适合您，我看得出来您也是真的喜欢这件衣服！我呢，也真心想卖您这件衣服，但价格上您真的让我为难了。这样吧，折扣上我确实满足不了您，您也来了这么多次，算起来也是朋友了，我个人送您一件非常实用的小礼物，您看这样成吗（用送赠品解决）？"

（十一）现象与对策11

【现象】

如何处理顾客的折扣及优惠问题。顾客可能会说：

"我就是试试，我经常逛街，等你们打折的时候我再买。"

"你们的衣服这么贵呀，可以打几折呢（处于销售初期尚未试穿）？"

【错误交流语言】

"还不知道什么时候打折呢。"

"我们现在其实也有打折呀。"

"难得碰到合适的，干吗要等呢？"

"打折时尺码不齐，可能没您穿的。"

"打折可能要再等一阵子。"

"对不起，我们的衣服从来不打折。"

【问题诊断】

"还不知道什么时候打折呢"，相当于告诉顾客这个衣服要打折，但时间未定，如果想买便宜点儿的就到时候来吧；"其实我们现在也有打折呀"，则容易使我们陷入与顾客的价格战之中；"难得碰到合适的，干吗要等呢"和"打折时尺码不齐，可能没您穿的"这两种说法告诉了对方"等"的不利之处，但是没有主动积极地引导顾客向购买方向前进，不利于顾客立即做出决定；"打折可能要再等一阵子"，这种说法是暗示顾客过一阵子来购买会比较划算，不利于品牌建设，拖延顾客做决定，降低销售效率；"对不起，我们衣服从不打折"，这在告诉顾客要想打折没门，所以不要和我讲价，不好意思我们这不讲价"，这是很多销售员经常重复的一句话，讲起来很流利，但是给顾客感觉非常不好，暗示你要讲价你就离开，我们不欢迎，不要浪费大家的时间，后两种方式都会让顾客有碰壁的感觉，认为自己不受欢迎并感无趣，事实上是在驱逐顾客，我们很多时候就是这样把顾客和利润流失掉的。

【导购策略】

过季打折的衣服容易出现断码的现象，并且由于穿戴时间短，所以其使用成本反而更高。导购可以将这些结果告诉顾客，并且推动顾客立即购买。当然如果顾客确实想在季末打折时候买，我们可以首先认同顾客，然后请求顾客留下电话以便届时通知。

导购不可能答应顾客所有的要求，顾客提出的异议也不一定都正确，适当对顾客说"不"往往可以获得尊重和理解，关键是我们拒绝的方式和方法，在拒绝顾客前，我们可以首先对顾客的想法表示认同，然后通过抱歉："对不起，您确实上我为难了"，表达自己的感受，最后围绕衣服的独特卖点、价格、服务优惠等方面去解释，以取得顾客认同与理解。

就本案言考虑到顾客处于销售前期，对衣服本身没有具体体验，所以导购要迅速转移话题，将话题转移到衣服上，毕竟衣服才是我们关注的焦点。

【正确交流语言】

"这款衣服确实稍微贵了点，不过我想向您说明的是，价格略高是因为我们的设计做得好而且质量方面又有保障，加上衣服也不一定只是看折扣，适合自己其实是最重要，您说是吧？如果衣服很便宜，穿在身上不舒服，穿几次就不想穿了反而更浪费。你说呢？小姐，买不买没关系，您先试一下这件衣服的穿着效果，好吗？来这边请。"

"这一点确实很抱歉，我们除了偶尔在促销时有些优惠外，其他时期价格都是统一的，这样可以保证作为顾客的您无论什么时候来我们店买东西都是统一价格，不过考虑到您是我们的贵宾会员，给了我们很多支持，所以我们可以给您……（转移到贵宾卡利益）这样吧，您先试穿一下衣服看好不好看，毕竟买衣服关键还是要看穿上的效果，您说是吗？来这边请。"

"实在对不起，先生，这一点确实让我感到为难，因为我们的价格是明码标价的，所以除了换季的时候有一些折扣外，其余时间都是按原价销售。这样可以保证作为顾客的您无论什么时候来我们店买服装都是统一价格，再说这件衣服真的适合您，您看……（转移到卖点上去沟通）。"

"没关系的，您可以先试试看。其实我们现在也有折扣，虽然没有换季的时候折扣低，但是码数很齐，不会有断码的状况。而且您的身材这么标准，我比较替您担心，您喜欢的衣服到时候不一定有适合的尺码，如果没有的话那多可惜呀，您说呢？"

"是的，打折的时候买，可能会有些缺点：一是买了之后可能穿不了几次就过季了；二是服装的流行性比较强，今年流行明年不一定流行；三是换季打折的时候经常会尺码不齐，常常会出现顾客很喜欢，但就是没有顾客要的尺码，那多可惜呀，您说是吧？再加上……（比如赠品、促销、VIP），所以现在购买其实是非常划算的。"

"我明白您的意思。打折的时候买，确实价格看起来会便宜点儿，只是买过季打折的衣服，可能穿不了几次就只能压在橱柜底了，这样衣服的价格其实反而更高，您说是吗？如果您现在买的话，其实可以享受贵宾卡折扣，并且您还可以穿一个整季。"

（十二）现象与对策12

【现象】

如何处理顾客的投诉问题。顾客说：

"上次买的毛料服装洗后缩水了而且起球，价格还那么贵。"

【错误交流语言】

"是吗？有起球、缩水，不是吧？"

"这种面料已经算比较好的了。"

"这种面料保养不好就会这样。"

"这种面料就这样，什么牌子都差不多。"

【问题诊断】

"是吗？有起球、缩水，不是吧？"完全是以怀疑和不信任的口气去质问顾客，并将问题复杂化。"这种面料已经算比较好的了"，意思是告诉顾客认了吧，顾客根本无法得到心理平衡。"这种面料保养不好就这样"，暗示顾客面料出现这种问题是顾客自己不会穿衣服。"这种面料就这样，什么牌子都差不多"，意思是这衣服当初是你自己选的我们没有任何责任，你就认了吧。

【导购策略】

面对顾客的质问，导购要清楚顾客是来看衣服的不是来要你退货的，所以我们不要自己制造麻烦，不要在一个问题上纠缠不清，你可以选择一个比较容易处理的问题加以解释，从而转移注意力，然后迅速饶开问题点，积极推荐其他衣服。

【正确交流语言】

"是这样的，只要是好点的纯毛服装都会有一些缩水的现象，只要在国家规定的标准内是属于正常的，所以一般来说我们都会建议顾客买大一点的尺码，这样洗后就会刚好合身。不过还是有很多顾客特别喜欢穿纯毛的毛衣，因为……（加上优点）请问小姐，今天您主要是……（介绍其他款式服装）。"

"这个问题我要和公司反映一下，请问，您的衣服起球、缩水是怎么发生的？这种纯毛面料和其他面料比起来有一点特殊性，因此在打理上要更加注意……（介绍面料保养方法），这样才能保持面料的状态，否则容易出现您刚才说的现象。有些人嫌麻烦，所以就不买这种面料的衣服，其实只要稍微注意一下，这种纯毛面料的服装……（加上优点）请问小姐，今天您主要是想看什么服装？"

（十三）现象与对策13

【现象】

顾客在退货期内因款式等非质量问题而要求退货。

【错误交流语言】

"没办法，你买的时候不是挺喜欢的吗？"

"这是您自己看好的，我们不能退货。"

"如果不是质量问题，我们是不给退的。"

【问题诊断】

"没办法，你买的时候不是挺喜欢的吗？"这种说法显得过于机械生硬，没有说服力，并且有责怪顾客当初考虑不周的意思。"这是您自己看好的，我们不能退货"和"如果不是质量问题，我们是不给退的"，这两种说法也非常不妥，作为销售人员不可以将所有的责任推给顾客，即使是顾客自己看好的，导购也有给顾客参谋建议的责任，所以如果衣服真的不适合顾客，导购要勇敢地站出来承担责任，而不是以顾客自己选的、不是质量问题等原因而加以拒绝。

【导购策略】

许多导购在面对顾客要求退货时，表现出性情急躁，言辞激烈或解释过于简单，给顾客的感觉是导购想竭力推卸责任，如果是这样，我们再要去说服顾客就变得困难多了，大量的门店投诉事例表明：一个优秀的导购此时应该表现镇定，你首先要做的是稳定顾客的情绪，鼓励顾客说出想法并注意聆听，只要顾客愿意对你诉说，问题的解决就变得相对容易了，通过聆听尽量找出顾客退货的真正原因，如果是顾客误解而导致退货，加以委婉真诚的说明，一般都可以得到很好的解决，如果顾客投诉的问题确实存在，只要不影响衣服的再次销售，导购应该主动承担责任，在让顾客知道这种情况——本不可以退货的情况，导购可以与顾客商量换货，能换货的尽量不要轻易退货，具体的方法是：导购在设法缓和对方的情绪后主动迅速的以换货的方式加以应对，这一过程中的态度与语言把握都非常重要，当然如果顾客执意要退货，导购则应适时满足顾客要求，不要去激怒顾客直至局面不可收拾。

【正确交流语言】

"小姐，您先不要着急，让我来帮您处理这个问题，请问一下您觉得这款衣服什么地方让您不满意了？您可以具体说明一下吗？小姐，是这样的：首先非常抱歉让您来来回回跑了这么多次，我明白您的意思了，其实这款衣服在款式上的优点是……之所以如此设计是因为……所以当您穿上的时候显得……（导入卖点）。"

"小姐，这是我的错，都怪我当时没有帮你把好关，这么热的天让您来来回回跑了这么多次，真是麻烦您了，来，我仔细挑几件给您看，您稍等一下，请问您喜欢什么样的款式（颜色、面料）呢？"

（十四）现象与对策14

【现象】

按规定这种情况可以退货，但是衣服已超过退货期。

【错误交流语言】

"我们不能退，衣服已经超过退货期了。"

"这种情况我也没办法，这是公司的规定。"

【问题诊断】

对于以上的错误用语，表面上导购的说法与做法似乎没有什么问题，因为事实上衣服确实也超过了公司规定的退货期，但我们认为即使是导购不能完全满足顾客的需求，也要站在顾客的角度真心诚意的帮顾客解决问题，这种生硬的处理方式会让顾客觉得我们抱着事不关己的态度，拿公司的规定来对付他，导购的这种做法不利于维护公司的良好客户关系，是非常不负责任的行为。我们不能退，您要找消协就去找吧，这种图一时痛快的行为容易使矛盾激化，给自己制造不必要的麻烦。

【导购策略】

当前，各品牌服装在售后方面都有比较成熟和完整的售后规定，针对退换货一般都有1~3个月的退换货期。在不影响二次销售的情况下，顾客退换货是不存在问题的。但在处理过期的退换货时，面对理性的顾客，可以讲解品牌的售后政策；面对不理性的顾客，如果产品不影响二次销售，可以为其提供换货处理，以免影响店铺正常运营。

【正确交流语言】

"小姐您好，退货请跟我来……（带顾客到服务台），请问您退货的原因是？请您出示购物单据。对不起，小姐，您购买的服装在不影响二次销售的情况下我们是30天内无条件为顾客更换或退货的，但是，您的服装已经超过了退换货的期限，非常抱歉。"

"您好，您购买的服装在不影响二次销售的情况下我们是30天内无条件为顾客更换或退货的，但是，您的服装已经超过了退换货的期限，非常抱歉。您是我们店的VIP顾客，对此，我们深表感谢。您看这样可以吗？我去请示店长，看能否为您换货。"

第二部分　实训环节

一、实训准备与安排

1. 实训时间

实训周期2周，课堂展示时间2课时，共30人。

2. 实训地点

服装营销实训室。

3. 实训工具

各组自备道具服装。

4. 实训前的准备

熟悉并掌握卖场导购常遇到的问题，处理问题过程中了解常犯的错误及应对技巧，掌握服装材料、设计、色彩和功能的基本知识，能够在充分掌握上述知识的情况下进行卖场销售。

二、实训内容与要求

1. 实训内容

（1）复习服装材料、设计、色彩和功能的基本知识。

（2）根据本项目的理论知识熟悉推销过程中常遇到的问题。

（3）熟悉并掌握面对不同消费者、不同问题时，正确的应对策略和交流语言。

（4）模拟实际销售环境，进行推销语言的练习。

2. 实训要求

（1）要求学生复习和预习相关基本理论，做好实训前的知识准备。

（2）要求教师在实训过程中做好组织工作，给予必要的、合理的指导，使学生加深对理论知识的理解，提高实际应用和操作的能力。

三、实训组织方法与步骤

（1）将学生分为若干小组，每组8~10人，每组设组长1名，负责组织本组成员进行实训。

（2）各小组讨论分析研究实训要求，确定工作内容，并由组长确定具体人员分工。

（3）组长组织小组讨论，对实训安排和指导情况进行书面汇报。

（4）随机组合学生，进行1对1的买卖角色扮演，进行评比，根据实训考核指标进行该环节实训成绩的评定。

（5）其他组同学点评，教师讲评。

四、实训考核（表5-1）

表5-1　实训考核评分表　　　　　　　　　　　　　　　　单位：分

考核项目	分值
自信心、耐心、热情、心态	30
服装专业知识	20
推销语言运用	40
应变能力	10
合计	100

项目六　服装消费者类型及其决策过程

实训目的	本项目旨在通过了解消费者在服装消费过程中的各种表现，将消费者进行有针对性的分类，并且掌握不同类别消费者在购买过程中的整个决策经过，以帮助导购人员采取有针对性的应对策略，服务各种类型的消费者。

第一部分　理论知识

一、服装消费者的类型

服装消费者的购买行为因人而异，根据消费者不同的性格特点、价值观和基本需求，从多个角度来将消费者购买行为分为以下九种类型。

（一）习惯型

这类服装消费者通常按照个人的习惯和对不同服装品牌的偏好而产生的一种购买行为。这是由于长期穿着某种品牌的服装，产生了信赖感，从而不断地重复购买。当需求产生时，消费者一般无须花费较多时间进行挑选。

（二）理智型

这类服装消费者会对消费行为认真分析、仔细考虑。他们冷静慎重，善于控制自己的情绪，不受服装产品的包装、广告和宣传的影响。

（三）冲动型

这类服装消费者没有预定的购买目的和固定的购买模式，大多数是在外界的触发下引起的购买行为。这类服装消费者容易受到现场情景的激发而产生购买行为，从个人的兴趣出发，对产品的质量和功能关注较少，容易冲动，易受到广告和其他促销方式的影响。

（四）价格型

这类服装消费者对服装产品的价格灵敏度高，往往以价格作为决定是否购买的主要依据。价格型又分为两种情况：一类是廉价型，以追求低价格为主要目标；另一类是高价型，以选择和购买高价服装产品为特征。

（五）审美型

这类服装消费者注重形式的完美，对服装打扮表现出比较高的品位与修养。

（六）感情型

这类服装消费者具有丰富的想象力，购买行为大多属于情感上的反应，很注重服装产品的款式和颜色，以符合自己的感觉为主要购买依据。

（七）政治型

这类服装消费者追求事业上的成功和权利地位，穿着的服装既符合身份又具有时尚性，还与其政治目标相一致。

（八）不定型

这类服装消费者大都是属于没有固定的爱好，购买心理不够稳定，又缺乏一定的主见和经验，购买服装产品多是属于尝试性购买。对这类服装消费者需要有热情的服务，耐心介绍产品的知识，以促使消费者产生购买行为。

（九）社交型

这类服装消费者大都重友情、待人热诚，服饰打扮注重他人的评价和流行等。

服装消费者的各种类型通常不是以单纯的形式出现，同一消费者对不同的服装产品以及不同的消费者对同一服装产品的购买行为都是有差异的，同时又具有多种特点。所以服装企业可以根据消费者及产品的不同特点，有目的地调整营销组合，有针对性地运用各种不同的营销策略来满足不同消费者的需求。经过长期的服装营销实践，人们已经认识到，只有研究并掌握消费者的购买行为特点，营销活动方式和策略才能做到针对性强，营销目标的实现才能得到保证。

二、影响服装消费者购买行为的因素

在现实的生活当中，服装消费者的行为受到各种复杂因素的影响。具体分析影响消费者购买心理和行为，有助于从整体上把握服装消费者购买心理和行为的形成与变化的规律，为有效的市场营销决策提供依据。影响服装消费者购买行为的因素主要包括：经济因素、心理因素、社会文化因素、个人因素。

（一）经济因素

经济因素是影响服装消费者购买行为的一项主要因素，该因素还包括消费者的购买力与服装价格的情况。服装消费者购买力的大小，是影响其购买行为的主要因素。如果购买力强，则购买服装产品的数量、品种就会多，反之亦然。此外，购买力还受服装产品价格的影响。产品价格高时，消费者的购买欲望和购买行为会受到抑制。因此，服装企业就要注意制订合理的价格，在必要时进行调价，以刺激消费者的购买欲望，从而扩大销售，达到双赢。

（二）心理因素

现代的服装消费与人的心理因素有着极其密切的关系，因为现代人向往实现个性和表达自我，比任何时候都更加追求完美。所以对影响服装消费者的心理因素进行分析和研究，是提高服装企业经济效益的前提和基础。影响服装消费者购买行为的心理因素主要有需求、购买动机、认知、学习、信念与态度等。

1. 需求

需求是购买行为的起点，也是市场营销的出发点。消费者的需求是复杂多样的，并且是多层次的。第二次世界大战以后，美国心理学家马斯洛（A. H. Maslow）提出需求层次论。把人类的需求分成了五个层次：生理需求、安全需求、社会需求、尊重需求、自我实现需求（图6-1），第一种需求是生理需求，后几种属于心理需求。

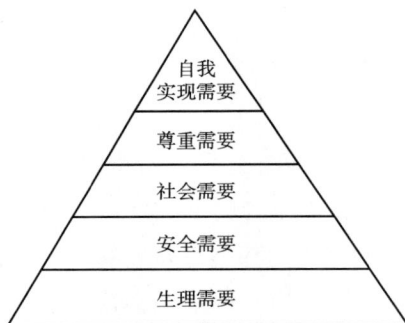

图6-1 马斯洛的需求层次图

2. 购买动机

动机是推动人们进行各种活动的愿望与理想，激励人们以行动去达到所期望的目标。需求引起动机，当人的某种需求未得到满足或受到外界某种事物的刺激时，就会产生某种紧张状态，从而引起某种动机，购买动机是消费者购买行为的基础。由于消费者的需求多种多样，因而动机也是多样化的，具体可分为如下几种：

（1）求实动机。是以追求服装产品的使用价值为主要特点。在购买服装产品时，主要追求实惠，偏重于购买低价及中等偏低的产品，而较少追求服装产品的式样新颖、美观，不易受社会潮流和各类广告的影响。

（2）求安全动机。是以要求服装产品在穿着过程中对身体有保护作用的购买动机。

（3）求廉动机。也称之为低价动机，这是一般消费者的普遍动机，具有这种动机的消费者，在购买服装产品时特别重视其价格，要求物美价廉，而对服装产品的花色、款式、包装等不大挑剔，有的消费者甚至专门去购买一些低档的或处理的服装产品，包括地摊货等。这些消费者多数属于经济收入较低或是有勤俭节约习惯的人群。

（4）求新动机。是以追求服装产品的时尚和新颖为特点的购买动机。具有这种动机的服装消费者特别注重服装款式的新颖程度、格调和社会流行的样式等。他们对服装产品的实用程度及价格高低较少注重。这类消费者多数经济条件较好或是青年男女。

（5）求美动机。是以重视服装产品的欣赏价值和艺术价值为主要特点的购买动机。这些消费者在购买服装产品时，重视产品的式样、色泽和艺术美，注重外衣与上下装的颜色协调，款式与自己体型、肤色的协调，重视对人的美化度。

（6）求名动机。是以追求名牌服装产品、特色服装产品为特点的购买动机。这些服装消费者在购买服装产品时非常注意产品的商标、牌号、产地、声誉以及购买地点。

3. 认知

一个人的动机被激发后即可产生行动，但如何行动，则视其对事物的认知能力如何。认知是消费者在知悉的范围内，由外部环境刺激所形成的心志上的表达，是个人选择、组织和表达信息以建立对事物整体认识的一个反映过程，是人们对客观事物的感觉和认识。心理学认为，认知过程是一个选择性的心理过程，它有以下三种机制：

（1）选择性注意。一个人每时每刻都面临着许多刺激物，但不可能都会引起注意，而只能有选择地注意某些刺激物。

（2）选择性曲解。消费者即使注意到刺激物，但不一定能正确认识、如实客观地反映，往往按照自己的偏见或先入之见来曲解客观事物。人们有一种将外界输入的信息与自己头脑中早已形成的模式相结合的倾向，这种按个人意图曲解信息的倾向叫选择性曲解。

（3）选择性记忆。人们对所了解的信息不可能都记住，而只记住支持自己看法和信念的自信息。

以上三种机制告诉我们，在营销过程中必须努力，以多次重复的、有吸引力的刺激、强刺激，加深消费者的印象，突破消费者固有的感觉壁垒。

4. 学习

学习是指结合人脑发展进程，通过接受外部信息及经验的积累而产生的思想观念、行为或行为潜能的变化，这是认知的来源之一。企业要尽可能使自己的产品信息进入消费者学习的范围，进而形成其观念，改变其行为。

（1）学习理论。关于学习有许多理论，在营销中应用较多的是"刺激—反应"理论，它由驱动力、刺激物、诱因、反应和强化几个相互影响的因素组成。驱动力是指促成行动的一种内在刺激。当这种刺激达到一定的强度时，就会产生一定刺激物，能够吸引购买行为产生的提示物就是诱因。

（2）学习理论的营销意义。企业要设法将自身及产品的相关信息融入消费者每天的学习信息中，使他们主动或被动地接触这些信息，进而影响其购买行为。促使消费者学习可以有多种方法，例如强化、重复、表象、适度刺激等。

5. 信念与态度

（1）态度。态度是指人从自身出发主观上对某一事物所持有的正向或反向的评价、感受或倾向。态度在人群中具有认同的特性，一般对于自己熟悉的或有过切身体会的事物态度就较绝对，不易改变。消费者态度的改变包括两层含义：一是态度强度的改变，二是态度方向的改变。

（2）信念。信念是指人们对事物所持有的自己认为可以确信的看法。这个看法的根源是消费者对某事物带给自己或自己所代表的群体的利益。一个客观存在的事实是：人们对企业及其产品或服务所持有的信念，往往构成了企业及其产品、服务的形象，并成为人们行为的依据。

（三）社会因素

社会因素包括社会发展过程中形成并流行下来的风俗习惯、生活方式、伦理道德规范、价值观念、行为准则等。不同的文化，不同的国家、民族、地区也都有着不同特色的文化和习俗，这些因素都直接影响着服装消费者的人生观、世界观和审美观，也直接影响他们的购买行为。社会因素包括社会文化、社会阶层、社会关系和家庭四个主要方面。

1. 社会文化

社会文化是指人类从生活实践中建立起来的信仰价值观念、道德理想和其他有意义的象征的综合体。文化是引起服装消费者需求与行为差异的重要因素。

（1）人们世界观和人生观的不同及宗教信仰的不同，会影响服装消费者的价值观念及需求上的差异，从而带来购买行为的差异。人们的受教育程度，影响着人们生活习惯与购买物质时的需求倾向。由于服装消费者审美观的不同，对服装产品需求也就有所不同。

（2）每一个国家除了存在核心文化外，还存在次文化，即亚文化群。主要包括：

第一，民族亚文化群。几乎每个国家都存在不同的民族，特别我国是一个多民族的国家。不同的民族，有着独特的风俗习惯和文化传统，所以对服装的需求也是不同的。

第二，宗教亚文化群。一个国家（地区）往往有多种宗教。不同的宗教有着各自不同的文化信仰和戒律，从而对服装产品的需求以及购买行为也有所不同。

第三，地理亚文化群。例如，在中国不同的地区和省份，其文化水平与生活习惯就不相同，因而对服装产品的需求及产生的购买行为也就有所不同。

2. 社会阶层

社会阶层主要是根据服装消费者的职业、收入来源、教育文化水平来划分的。不同的社会阶层具有不同的价值观念和购买行为，他们对服装产品的需求、爱好和兴趣也有一定差异。

3. 社会关系

购买者的社会关系是影响服装消费者行为的个人或集团。社会关系又分为主要社会关系与次要社会关系。主要社会关系包括家庭成员、朋友、邻居和同事等，属于非正式组织，但消费者与他们有着密切的关系，因此他们对消费者购买行为会发生直接的影响。次要社会关系主要包括社会团体、职业团体等，它们属正式组织。社会关系对服装消费者购买行为的影响主要是：使服装消费者改变原有的购买行为或产生新的购买行为；决定服装消费者的购买态度和对某些服装产品价值观念的变化；影响服装消费者对服装产品款式及品牌的选择。因此，在服装市场营销中，不仅要具体地满足某一服装消费者购买时的要求，还应重视其售后的感受，充分利用社会群体的影响，扩大服装产品的销售。

4. 家庭

家庭对服装消费者购买行为的影响不仅是直接的，而且是一种潜在的意识，服装消费者不管是自觉或不自觉，也不管在什么场合，家庭对服装消费者的购买行为的影响是很深的。家庭的生活方式、文化程度、价值观念及购买习惯对个人的影响方式是复杂的，有时是潜移默化的，有时也能起到直接的作用。例如，一位女士希望她老公购买一件西服，其愿望可以通过各种方式表现出来："你一定要买一件西服"（命令式），"现在不穿西服，被人瞧不起"（威胁式），"得了奖金，买一件吧"（乞求式），"你穿西装很合适"（劝告式），"现在穿西装很时髦"（暗示式）。另外，见到别人穿西装，十分欣赏其行为的表现，也是施加影响的方式。家庭购买决策分为三种类型：一人独自做主；全家参与意见，一人做主；全家共同决定。

（四）个人因素

服装消费者购买行为还受个人因素的影响，即受消费者的年龄和家庭生命周期、职业、经济状况、生活方式、个性和自我观念的影响。

1. 年龄和家庭生命周期

家庭生命周期是指一个家庭从产生到消亡的整个过程。根据家庭成员的数量和年龄结构的变化状况，市场营销学者将家庭生命周期大体分为以下七个阶段。

（1）未婚阶段——年轻、单身。

（2）新婚夫妇——年轻、没有子女。

（3）"满巢" I——年轻夫妇，有6岁以下的幼儿。

（4）"满巢" II——年轻夫妇，有6岁或6岁以上的孩子。

（5）"满巢" III——年纪较大的夫妇，有未独立的孩子。

（6）"空巢"——年纪较大的夫妇，与子女已分居。

（7）独居的未亡人——老年、单身人士。

服装消费者处于不同的年龄阶段，对服装产品的需求与偏好是不同的。人们随着自然年龄的变化而改变消费需求与行为，对衣着的爱好也因年龄的变化而产生差异。

2. 职业

不同的职业决定服装消费者不同的需求和爱好，例如，教师、工人、农民、文艺工作者等对服装的需求差异很大，所以有些服装公司专门生产经理服、教师服、工人服等。

3. 经济状况

经济状况主要包括个人可支配收入水平，对储蓄与支出的态度以及借债能力。此外，还包括经济形势的繁荣或衰退，经济状况影响人们的消费需求、支出能力及支出结构。随着市场经济的发展、个人收入的提高，消费个性化的趋势日益明显。

4. 生活方式

生活方式指人们的生活形态，集中表现在人们的活动、兴趣及思想见解上。服装消费者也许出自于同一个社会阶层，来自同一种文化、同一种职业，但却具有不同的生活方式：如有的人生活方式"保守"；有的人生活方式"开放"；有的人生活方式是"事业型"；有的人生活方式是"享受人生"等。这些不同的生活方式对消费需求具有深刻的影响。所以服装企业要了解消费者的生活方式，适应服装消费者的需求，增强本企业服装产品对消费者生活方式的影响。

5. 个性和自我观念

个性是个人特性的组合，如外向、内向、保守、开放、文雅、急躁、独立、依赖等。服装消费者的个性千差万别，对服装产品的需求也呈现出很大的差异性。与个性相联系的另一个概念是消费者的自我形象，是指个人的自我形象，即自己认为是哪种人。不同的人具有不同的自我形象，不同的自我形象又会影响服装消费者的需求以及购买行为的差异。服装消费者往往购买与自我形象相称的服装产品。如自我形象是家庭主妇或自我形象是教师的消费者，对购买服装的行为就不同，前者讲究花色、款式，后者偏向端庄能表现风度的服装。

三、服装消费者购买决策过程

（一）消费者购买决策过程的参与者

服装消费者行为的各种类型，通常并不是以单纯的形式出现的，同一消费者对不同的服装产品，或不同的消费者对同一服装产品的购买行为都是有差异的，且同时具有多种特点。企业可以根据他们的不同特点，有效地调整营销组合，有针对性地运用各种策略，以满足不同的服装消费者的需求。

（二）消费者购买决策过程的主要步骤

消费者的购买决策是在一个特定的心理驱动下，按照一定程序发生的心理活动和行为的过程。不同的服装消费者有着不同的购买决策过程，但是大多数服装消费者把购买决策的过程分为五个步骤：认知需要、搜索信息、评价选择、决定购买、购后感受。消费者往往有一个消费模式（图6-2）。

营销刺激	其他刺激
产品 价格 分销 促销	经济 技术 政治 文化

购买者	
购买者的 特性	贩买者的 决策过程

购买者的反应

选择产品
选择品牌
选择经营者
购买时间
购买数量

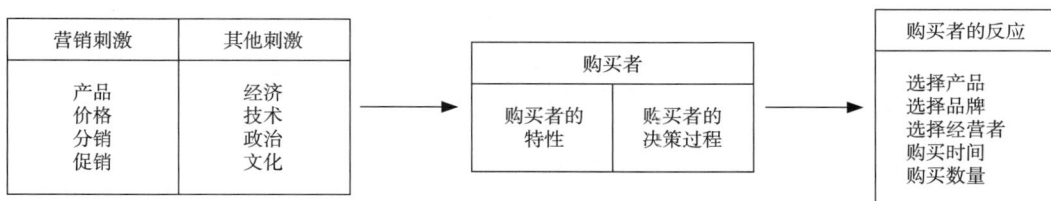

图6-2　消费的模式

以下是对五个步骤进行具体的分析：

1. 认知需要

服装消费者只有认识到需求时，才会产生购买动机。引起服装消费者认知需要的刺激可以来自两个方面：一种是来自服装消费者内部的刺激，如天气寒冷、出席活动等，都需要购买合适的服装来达到这种刺激的满足；另一种是来自服装消费者外部的刺激，如服装的流行时尚、广告、相关群体的影响等，从而产生了一种购买行为。服装消费者对自身的各种需求加以正确的认识，就可以为购买决策限定范围，因而是有效决策的前提。

现代服装市场营销研究认为，服装企业不能仅仅在交易行为上下功夫，而应从引起需求的阶段开始，调查研究与本企业服装产品的已有消费者和潜在消费者有关的驱动力，以及善于按照服装消费者购买的规律来适当地安排诱因，促使消费者对本企业生产经营产品产生更强烈的需要，并转化为购买行动。

2. 搜索信息

当消费者对某一服装产品需求的动机很强烈，而且满足其需求的服装产品又很容易购买得到时，消费者的需求就能很快得到满足。但是在大多数情况下，需求不是立即能够得到满足的，因而，需求便会储存在记忆中。这时，服装消费者处于一种高度警觉的状态，对于满足其需求的事物极其敏感，服装消费者就会着手搜索有关的信息。

服装消费者信息的主要来源有：

（1）相关社会关系，主要通过亲戚、朋友及同事提供的信息，消费者对这类的信息来源非常信赖。

（2）工商企业提供，主要通过推销人员、广告、零售商、产品展览等提供信息。

（3）个人经验，主要是指服装消费者本人通过已有的购买和使用获得的经验。

（4）公共信息来源，主要是来自报纸、杂志及政府机构发表的信息。

以上信息来源中，最主要的是工商企业提供的信息，因为信息针对性强，较可靠。个人经验则是评价信息可靠性的依据。

3. 评价选择

服装消费者搜索了多种信息之后，先是将杂乱无章的资料加以整理和系统化，然后对各种资料进行对比分析和评价，最后确定选择。

这一过程因服装消费者价值观念的不同而存在差异，例如，有的消费者以购买服装价格的高低作为评价尺度；有的消费者以是否符合时尚作为衡量的标准；有的消费者追求服装的实惠、耐穿；有的消费者则侧重服装的款式新颖；有的消费者追求服装的个性化、与众不同。因此，对同一决策方案，不同的服装消费者会做出完全不同的评价。企业还应按照不同的服装消费者群体所重视的主要属性，选择促销方式和策略。

4. 决定购买

当服装消费者对自己搜索的信息加以综合评价并根据一定的模式进行判定以后，就会形成明确的购买意图。但是有了购买意图并不一定会产生购买行动，这个过程可能还会受到其他因素的干扰，这种干扰因素主要来自两个方面：

（1）相关群体的态度。如果和消费者关系密切，而且提出了种种理由，坚决反对购买，否定的态度越强烈，关系越密切，则消费者改变其原先购买意图的可能性就越大。

（2）意外情况。这个因素也会影响服装消费者的购买意图，例如，家庭收入突然减少或由于意外变故而改变购买计划等。此外，服装营销和服务人员的服务态度与素质也会改变服装消费者的购买决定。由此可见，消费者对某种服装产品的偏好和购买意图只是指出了消费者购买行为的方向，但并不包括许多意外情况因素，因而不能完全决定消费者的最后购买决策。

5. 购后感受

当消费者购买了服装产品后，并不意味着购买过程就结束了，服装消费者要体会到某种程度的满足或不满足，由此形成购后感受，这将影响服装消费者以后的购买行动，并对相关的群体产生一定的影响。因此，现代的服装营销非常重视消费者的购后感受。许多西方企业信奉这样一句名言："最好的广告是满意的顾客。"

服装消费者的购后感受是消费者在购买过程当中一项重要的信息，这种信息的反馈就反映了企业所经营的服装产品对消费者需求的满足程度，这是服装企业最原始的信息。因此，服装企业应当重视搜集服装消费者的购后感受，加强售后服务，广泛地征求服装消费者的意见，从而影响服装消费者的购后感受，增强其满意感。

第二部分　实训环节

一、实训准备与安排

1. 实训时间

实训周期2天，课堂展示时间2课时，共30人。

2. 实训地点

服装营销实训室。

3. 实训前的准备

熟悉并掌握本项目服装消费者的类别、消费影响因素和消费决策过程，能够通过观察、总结、交谈等方式将现实中消费者进行归类，并能利用所学专业服装销售技能进行服务活动。

二、实训内容与要求

1. 实训内容

（1）以观察的方式划分消费者（以实训班级学生为对象）类别，通过访谈的方式核对划分结果是否准确。

（2）通过观察、聊天等方式确定消费者（以实训班级学生为对象）在进行服装消费过程时的影响因素，通过访谈的方式核对划分结果是否准确。

（3）模拟真实购物环境，观察消费者（以实训班级学生为对象）在整个购买服装过程中心理变化。

2. 实训要求

（1）要求所有学生做好将模拟消费环节按照真实消费对待，以备实训学生做好信息的搜集及评判，做好实训前的知识准备，保证实训效果。

（2）要求教师在实训过程中做好组织工作，给予必要的、合理的指导，使学生加深对理论知识的理解，并提供视频资料供学生观摩学习，提高实际应用和操作的能力。

三、实训组织方法与步骤

（1）将学生分为若干小组，每组8~10人，每组设组长1名，负责组织本组成员进行实训。

（2）各小组讨论分析研究实训要求，确定工作内容，并由组长确定具体人员分工。

（3）组长组织小组讨论，对实训安排和指导情况进行书面汇报。

（4）按照小组对成员的三个实训内容进行汇总，并装订成册。

四、实训考核（表6-1）

表6-1　实训考核评分表　　　　　　　　　　　　单位：分

考核项目	分值
消费者类别划分	25
不同类别消费者服装消费影响因素的确定	30
不同类别消费者服装消费过程中心理变化	30
实训内容汇总装订成册	15
合计	100

项目七　服装市场调查与预测

实训目的　本项目旨在通过学习服装市场调研的种类、调查内容、调查原则和程序，并利用市场预测内容、程序和方法，对调查的主体进行预测性的分析，为企业能够更好地进行决策提供必要的依据。

第一部分　理论知识

一、市场调查

在市场竞争日趋激烈的今天，企业懂得了产业信息的重要性，开始注重对市场进行调查研究。在服装营销期中，企业会遇到各种各样的问题，如新市场的拓展、新产品的开发、新品牌的引入、销售滑坡、品牌的老化等，这些都是服装企业在营销的特定时期需要解决的对应问题。解决这些问题的方法有很多，但不管采用何种方法，调研是必不可少的过程。

服装企业通过市场调查掌握市场资讯，得以掌握制胜先机。服装市场调查好比企业营销管理活动的"耳目"，具有至关重要的作用。

（一）了解服装市场现状为管理阶层制定市场决策提供依据

市场调研可以为企业的市场决策提供最直接有效的依据。对于一个服装企业要解决营销实践中遇到的问题，市场调研是必不可少的。如何解决问题和采取怎么样的做法，都取决于经营者对当前服装市场的认识，这一认识必须符合客观实际，仅凭经验而对市场情况做出判断往往带有很强的主观性，不符合市场客观实际的决策，会对服装企业经营造成风险。

（二）了解竞争者的重要经验与最新研究成果及时调整经营手段

在市场竞争中，一个尚不完善的服装品牌，尤其在尚未成为业内领头羊时，通常会将某个与自己旗鼓相当的对手作为竞争的目标品牌，通过市场调研，弄清目标品牌的底细，为赶超对手提供客观依据。

大部分市场业绩良好的服装品牌都会是其他服装品牌悄悄瞄准的目标品牌，前者有什么新的技术，什么产品销售状况好、销量多少，后者通过市场调研即可一目了然，并且据此调整产品结构及生产经营手段，努力使自己产品占得更大市场份额。

（三）增强服装企业竞争的应变能力

了解服装市场地位，制订长远发展战略。服装的市场地位是每一个服装企业所关注的，市场地位是消费者对服装品牌的认同，通过销售业绩直接反映出来。为了维护服装企业的市场地位，应该通过市场调研，无论是品牌运作发生困难之时，还是销售业绩增长之际，明智的企业都会及时做出一定的市场战略调整，以适应新情况的发生。

二、市场调查的种类

（一）按市场调查的目的分类

1. 探索性调查

探索性调查是为了使问题更明确而进行的小规模调查活动。这种调查有助于把一个大而模糊的问题表达为几个小而准确的子问题，并识别出需要进一步调研的信息。比如，某公司的市场份额去年下降了，公司无法一一查知原因，就可用探索性调查来发掘问题：是经济衰退的影响；是广告支出的减少；是销售代理效率低；还是消费者习惯改变了等。总之，探索性调查具有灵活性，适合于调查我们知之甚少的问题。

2. 描述性调查

描述性调查是寻求对"谁""什么事情""什么时候""什么地点"等问题的回答的调查。它可以描述不同消费者群体在需要、态度、行为等方面的差异。描述的结果，尽管不能对"为什么"给出回答，但为解决营销问题提供所需的信息。例如，某商店了解到该店的顾客中，有67%的顾客是年龄在18～44岁之间的妇女，并经常带着家人、朋友一起来购物，这种描述性调查提供了重要的决策信息，使商店特别重视直接向妇女开展促销活动。

3. 因果性调查

因果性调查是调查一个因素的改变是否引起另一个因素改变的研究活动，目的是识别变量之间的因果关系。如预期价格、包装及广告费用等对销售额的影响。这项工作要求调研人员对所研究的课题有充足的知识，能够判断一种情况出现后，会接着发生怎样的变化，并能说明其原因所在。

不难看出以上三种市场调查类型可以共同用于一个连续的调查过程。当调查人员还不能肯定问题的性质时，适合进行探索性调查；当调查人员意识到了问题，但对有关情形缺乏完整的认识时，通常进行描述性调查；当调查人员需要对问题严格定义时，适合进行因果性调查。采用何种调查类型，通常由调查目的所决定。

（二）按调查样本产生的方式分类

1. 市场普查

市场普查是对与市场调查指标有关的总体进行调查，即对所要认识的研究对象全体进行逐一的、普遍的、全面的调查。它是全面收集市场信息，获得较为完整、系统的信息资料的一种方法，例如我国进行的人口普查。

2. 重点调查

重点调查是指在调查对象总体中选定一部分重点单位进行调查的方法。所谓重点单位，是指在总体某项目标总量中占绝大比重的一些单位。采用这种调查方式，较易选定为数不多的重点调查单位，能够以较少的人力、物力和财力，较快地掌握调查对象的基本情况。

3. 典型调查

典型调查是在调查对象总体中有意识地选择一些具有典型意义或具有代表性的单位进行专门调查的方法。典型调查一般分为两类：一类是对具有典型意义的少数单位进行"解剖麻雀式"的调查，以研究事物的一般状况；另一类是从调查总体中选择具有代表性的典型单位进行调查，以典型样本的指标推断总体的指标。

4. 抽样调查

抽样调查是从市场调查对象总体中按随机原则抽取出一部分样本作为进行调查的目标，根据样本信息，推算市场总体状况的一种方法。

（三）按市场调查的方法分类

1. 文案调查法

文案调查法是指对已经存在的各种档案资料，以查阅和归纳的方式了解所需资料的市场调查方法。文案调查法也称"二手资料调查法"或"文献调查法"。

2. 观察法

观察法是调查人员通过跟踪、记录被调查对象的行为痕迹，来取得第一手资料的调查方法。观察法是调查人员直接到调查现场，采用耳闻、目睹和触摸的感受方式或借助某些设备和仪器，跟踪、记录被调查人员的活动、行为和事物，来获取所需的信息资料。

3. 询问法

询问法又称"访问法"，是调查人员以询问的方式向被调查人员了解市场情况的一种方法。具体形式灵活多样，根据调查人员与被调查人员接触方式的不同，分为面谈调查、邮寄调查、电话调查、网络调查等。

4. 实验调查法

实验调查法是指在调查过程中，调查人员分析影响被调查者的因素，改变某些因素而假定其他因素不变，以观察这个变化因素的影响效果，从而取得调查资料的调查方法。

（四）按市场调查的主体分类

1. 政府的市场调查

政府机构在社会经济活动中承担着管理者和调节者的职能，有时政府也会直接参与一些经济活动，需要了解和掌握充分的市场信息。因此，政府部门也经常开展市场调查活动。政府的调查活动，往往涉及的内容比较多、范围比较广，对于国计民生的意义也比较重大。

2. 企业的市场调查

企业是市场调查活动的主要主体。在经营管理过程中，企业经常面对各种管理决策，从而需要进行市场调查，以掌握各种市场信息，为经营决策提供依据。据有关调查数据显示，我国只有不足0.5%的企业愿意做正规的市场调查，因此，我国企业亟待增强市场调查意识，重视市场调查活动对企业经营决策的重要影响。

3. 社会组织的市场调查

不少社会组织也会因为各种原因进行市场调查活动。例如，各种中介组织、事业单位、群众组织、媒体，为了完成委托、向政府建议或本身业务发展需要等，也要组织市场调查活动。此类调查和研究的结果比较可信，参考价值也较高。

4. 个人的市场调查

个人由于种种原因，例如，求职、研究、报道、兴趣或生存等，也需要进行某些关于市场情况的调查活动。

三、市场调查的内容

（一）市场环境调查

1. 政治环境调查

政治环境调查主要是了解对市场影响和制约的国内外政治形势以及国家管理市场的有关方针政策等，主要从以下几个方面进行。

（1）国家政策。主要了解国家的相关政策（包括对不同国家和地区的政策）等。

（2）国家或地区之间的政治关系。随着国际政治关系的变化，对外贸易关系也会发生变化，如设立或取消关税壁垒，采取或撤销惩罚性措施、增加或减少优惠性待遇等。通过调查，有助于企业进行经营决策。

（3）社会情况。由于罢工、暴乱、战争等引起社会动乱，会影响国际商品流通和交货期，给对外贸易带来一定的风险，但同时也可能产生某种机遇。通过调查，有助于企业随机应变，把握市场成交机会。

2. 法律环境调查

市场经济就是法制经济，在市场上，法律规定起着决定性的作用。法律环境指国家或地方政府颁布的各项法律、法规、法令和条例等，法律环境对市场消费需求的形成和实现，具有一定的调节作用。企业在市场经营活动中，必须遵守各项法律、法规、法令、条例等，分析研究国家和地区的各项法律、法规，尤其是其中的经济法规。在国际贸易中，除了了解相关国家的法律、法规外，还要熟悉国际贸易惯例和世界贸易组织、地区经济组织等的要求。

3. 经济环境调查

经济环境对市场活动有着直接的影响。企业对经济环境的调查可以从以下两个方面进行。

（1）经济发展水平。经济发展水平主要影响市场容量和市场需求结构，经济发展水平增长快，就业人口就会相应增加，而失业率低、企业开工率高以及经济形势好，必然引起消费需求的增加和消费结构的改变。

（2）消费水平。消费对生产具有反作用，消费规模决定市场的容量，也是经济环境调查不可忽视的重要因素。消费方面的调查主要是了解某一国家（或地区）的国民收入、消费水平、消费结构、物价水平、物价指数等。

4. 社会文化环境调查

社会文化环境在很大程度上决定着人们的价值观念和购买行为，它影响着消费者购买产品的动机、种类、时间、方式以至地点。经营活动必须适应所涉及国家（或地区）的文化和传统习惯，才能为当地消费者所接受。调查内容主要包括：教育程度和文化水平、民族分布、宗教信仰、风俗习惯、思维方式和审美观等。

5. 科技环境调查

科学技术是第一生产力，企业应及时了解新技术、新材料、新产品、新能源的状况，国内外科技的发展水平和发展趋势，本企业所涉及技术领域的发展情况，专业渗透范围、产品技术质量检验指标和技术标准等。

6. 地理和气候环境调查

各个国家和地区由于地理位置不同，气候和其他自然环境也有很大的差异，这不是人为造成的，也很难通过人的作用去加以控制，只有在了解的基础上去适应这种环境。应注意对地区条件、气候条件、季节因素、使用条件等方面进行调查。气候对人们的消费行为有很大的影响，从而制约着许多产品的生产和经营，如衣服、食品、住房等。例如，我国的藤制家具在南方十分畅销，但在北方则销路不畅，受到冷落，主要原因是北方气候干燥，藤制家具到北方后往往发生断裂，影响了产品的声誉和销路。

（二）市场需求调查

1. 消费者人口状况调查

某一国家（或地区）的购买力总量及人均购买力水平的高低决定了该国（或地区）市场需求的大小。在购买力总量一定的情况下，人均购买力的大小直接受消费者人口总数的影响，为研究人口状况对市场需求的影响，以便于进行市场细分，应对人口情况进行调查。调查主要从以下几个方面进行。

（1）总人口数量的调查。对于一些生活必需品来讲，人口量的多少与这类商品需求量成正比。根据一个国家（或地区）的总人口与购买力，可以大致了解该国（或地区）市场规模大小。在对总人口进行研究时，应该注意流动人口的变化情况。因为人口的流动会引起购买力的流动，从而引起市场需求的变化，这对于处在政治、经济、文化中心或地处交通枢纽的城市来说，尤为明显，此外，总人口的增长速度及其变化也将对市场需求的构成产生影响。

（2）人口地理分布的调查。人口地理分布与市场需求有密切关系。比如沿海地区和内地、城市与农村，无论在消费和需求的构成、购买习惯和行为等方面都有很大的差异。

（3）家庭总数和家庭平均人口数的调查。家庭是社会的细胞，许多商品都是以家庭为基本单位来进行消费的，如住房、家具等，因此，家庭总数和平均人口数对于家庭用品的需求有很大的影响。近年来，随着我国人民生活条件的改善，我国家庭也出现了由过去几代同堂的大家庭向三口之家的小家庭发展的趋势。

（4）民族构成的调查。各民族由于历史、文化和信仰不同，形成了各自比较鲜明的民族习惯，这种民族传统习惯的不同往往会造成消费习惯的极大差别。如我国与中东地区国家、与欧美国家的生活习惯就有很大差别，对饮食、服装等商品的需求也就不同。同时，我国自身也是一个多民族国家，因此，在对消费者进行调查时，应注意这个地区因民族风俗习惯不同而产生的消费习惯的差异。

（5）年龄构成的调查。不同年龄的消费者对商品和服务的数量和种类有着不同的需求。如年轻人对服装、体育用品、音像制品、文具等用品需求较多，而老年人则对滋补品、保健用品有较多需求。当然，这不能一概而论，在不同地区、不同时期会有不同的特点，需要通过市场调查去了解和把握。

（6）性别差异的调查。性别的差异，不但对消费品的需求有很大差别，其购买习惯和行为也有很大差异。通常女性对化妆品及服装的要求较多，喜欢逛商场，购物次数多但每次购物量不大，购物受外界影响较大，常需经过反复、犹豫、挑选后才能下决心购买，而男性对汽车、摩托车、烟酒等商品较为青睐，一般购物次数少，但每次购物量较大，购物时自主性强，更为果断和迅速。

（7）职业构成。职业不同，对消费品需求的差异也比较明显。工人一般用于物质方面的支出较多，而教师在购买书刊及精神文化方面的支出更多。

（8）教育程度。教育程度不同，会产生不同的消费需要和习性。一般来说，受教育程度较高的消费者商品知识比较广泛，喜爱购买某些特殊商品和文化层次较高的商品，购买商品时也显得比较理性。

2. 社会购买力总量及其影响因素调查

社会购买力是指在一定时期内，全社会在市场上用于购买商品和服务的支付能力，包括三个部分：居民购买力、社会集团购买力和生产资料购买力。其中，居民购买力尤其是居民消费品购买力是社会购买力最重要的内容，是市场需求调查的重点。居民消费品购买力是城乡居民在市场上用于购买生活消费品的支付能力。对居民消费品购买力总量的调查，主要通过搜集、整理和分析购买力的各项指标来实现。影响居民消费品购买力的主要因素如下。

（1）居民收入。居民的购买力来源于其收入，居民收入的多少是决定居民购买力大小的最主要的因素。城镇职工、个体经营者和农民，由于劳动单位和劳动性质不同，其收入来源（如工资收入、出售产品收入和劳务收入等）和影响因素（政策因素、价格因素等）也不同，应分别进行调查。从市场营销角度出发，通常考虑居民个人收入、可支配收入和可随意支配收入三个项目。个人收入是指个人从各种经济来源所得到的收入。个人收入的总和除以人口数就是每个人的平均收入。个人可支配收入是指个人收入中扣除负担的税金所剩下来的能够作为个人消费或储蓄的收入。这部分收入相当一部分要用于支付维持个人和家庭生存必需的费用，如食品、衣服、燃料和房租水电等。可随意支配收入是指从可支配收入中扣除维持个人和家庭生活必需费用所余下的部分，可随意支配收入是需求中最活跃的因素，它所形成的需求伸缩性大，需求弹性较强。

（2）居民非商品性支出。居民的收入并非全部用于购买商品，有一部分用于文化、娱乐、生活服务开支，以及交纳票证费、党团工会组织费等非购买商品的支出，非商品支出在收入中所占比例大小，会影响居民消费品购买力的大小。这部分支出的数量，一方面取决于居民的收入水平，另一方面取决于各种文化、服务事业的发展情况和收费标准。

（3）结余购买力。居民的结余购买力表现为储蓄存款、现金和各种有价证券，三者处在经常变动之中。结余购买力分期初结余和期末结余两种，期初结余购买力大小会对本期市场产生影响，而期末结余购买力大小则决定了对下期市场的冲击力。

（4）流动购买力。就某一地区来说，当地居民购买力的大小，还要受流动人口引起的货币流入和流出的影响，货币流入大于流出，当地的购买力就会增加，反之，当地购买力就会减少。造成货币流出、流入变动的主要原因是流动人口的变化，相邻地区商品供应状况，以及商业网点设置与经营范围的调整等。

通过对购买力总量及其影响因素的调查，可使企业对所在地区的市场容量情况有一个整体的了解，为企业在计划期安排业务、确定生产和销售规模提供重要依据。

3. 消费者购买动机和行为的调查

（1）消费者购买动机调查。所谓购买动机，就是为满足一定的需要而引起人们购买行为的愿望和意念。人们的购买动机常常由最紧迫的需要决定，但又可以运用一些相应的手段诱发。消费者购买动机调查的目的主要是弄清购买动机产生的原因，以便采取相应的诱发措施。

（2）消费者购买行为调查。消费者购买行为是消费者购买动机在实际购买过程中的具体表现。消费者购买行为调查，就是对消费者购买模式和习惯的调查，即通常所讲的"5W1H"的调查，了解消费者购买什么（what）、在何时购买（when）、何处购买（where）、由谁购买（who）、为什么购买（why）和如何购买（how）等情况。

①消费者购买时间（when）的调查。消费者在购物时间上存在着一定的习惯和规律。某些商品销售随着自然气候和商业气候的不同，具有明显的季节性。如在春节、中秋节、国庆

节等节日期间，消费者购买商品的数量要比平时增加很多。应按照季节的要求，适时、适量地供应商品，才能满足市场需求。此外，对于企业来说，掌握一定时间内的客流规律，有助于合理分配劳动力，提高商业人员的劳动效率，把握住商品销售的黄金时间。

②消费者购买地点（where）的调查。一般分为两种：一是调查消费者在什么地方决定购买；二是调查消费者在什么地方实际购买。对于多数商品，消费者在购买前做出决定，如：购买商品房、购买电器等，而对于一般日用品、食品和服装等，具体购买哪种商品，通常是在购买现场，受商品陈列、包装和导购人员介绍的影响而临时做出决定，具有一定的随意性。

③谁（who）负责家庭购买的调查。包括三个方面：一是在家庭中谁做出购买决定；二是谁去购买；三是和谁一起去购买。有关调查结果显示：对于日用品、服装、食品等商品，大多由女方做出购买决定，同时也主要由女方实际购买；对于耐用消费品，男方做出决定的较多，当然在许多情况下也要同女方共同商定，最后由男方独自或与女方一同去购买；对于儿童用品，常由孩子提出购买要求，由父母决定，与孩子一同购买。此外，通过调查还发现，男方独自购买、女方独自购买或男女双方一同购买对最后实际成交有一定影响。

④消费者如何购买（how）的调查。不同的消费者具有各自不同的购物爱好和习惯，如从商品价格和商品品牌的关系上看，有些消费者注重品牌，对价格要求较少，愿意支付较多的钱购买自己所喜爱的品牌；而有些消费者则注重价格，购买较便宜的商品，对品牌并不在乎或要求不高。

（三）市场供给调查

1. 商品供应来源及其影响因素的调查

市场商品供应量的形成有着不同的来源，从全部供应量的宏观角度看，除由国内工农业生产部门提供的商品、进口商品、国家储备拨付和挖掘社会潜在物资外，还有期初结余的供应量。首先应对不同的来源进行调查，了解本期市场全部商品供应量变化的特点和趋势，再了解影响各种来源供应量的因素，其主要影响因素如下。

（1）生产量。商品货源的数量首先依赖于生产量，生产量的高低决定于现有生产水平和增长速度。

（2）结余储存。结余贮存应包括商业部门和生产者双方面的储存，还应包括国家储备。

（3）进出口差额及地区间的货物流动。

（4）价格水平。商品价格合理与否，对商品货源有较大影响。此外，可替代性商品价格水平的变化，也影响着相关商品供应量的大小。

2. 商品供应能力的调查

商品供应能力的调查指对工商企业的商品生产能力和商品流转能力的调查，调查内容如下。

（1）企业现有商品生产或商品流转的规模、速度、结构状况如何，能否满足消费要求。

（2）企业现有的经营设施、设备条件如何，其技术水平和设备现代化程度在同行业中处于什么样的位置，是否适应商品生产和流转的发展。

（3）企业是否需要进行投资扩建或者更新改建。

（4）企业资金状况如何？自有资金、借贷资金和股份资金的总量、构成以及分配使用状况如何？企业经营的安全性、稳定性如何。

（5）企业的现实盈利状况如何？综合效益怎么样。

（6）企业现有职工的数量、构成、思想文化素质、业务水平如何，是否能适应生产、经营业务不断发展的需要等。

3．商品供应范围的调查

商品供应范围及其变化，会直接影响到商品销售量的变化。范围扩大意味着可能购买本企业商品的用户数量增加，在正常情况下会带来销售总量的增加；反之，则会使销售总量减少。调查内容如下。

（1）销售市场的区域有何变化。在调查中要了解有哪些地区、哪些类型的消费者使用本企业的商品，了解他们在今后一段时期的购买是否会发生变化。同时，还要了解哪些地区、哪些类型的消费者目前尚未购买但可能购买本企业的商品，通过宣传能否使他们对本企业的商品发生兴趣。

（2）所占比例有何变化。由于某些商品供应能力有限，或因消费者选择商品的标准不同，往往造成在同一市场上多种同类商品都有销路的状况，各企业的商品都占有一定的市场比例，即通常所讲的市场份额。市场比例不是固定不变的，它会受消费者的喜好、商品的改进等因素的影响而发生变动。因此，通过调查，随时了解本企业商品与其他企业商品相比所存在的优势和差距，同类商品在市场上受消费者欢迎的程度，消费者对各种同类商品的印象、评价和购买习惯等，以使企业对市场比例变化的状况、趋势及其原因有较深入和全面的了解，有利于企业在争取市场的过程中获得更多的份额。

（四）市场营销调查

1．竞争对手状况调查

调查的内容包括：是否有直接或间接的竞争对手，如有的话，是哪些；竞争对手的所在地和活动范围；竞争对手的生产经营规模和资金状况；竞争对手生产经营商品的品种、质量、价格、服务方式及在消费者中的声誉和形象；竞争对手技术水平和新产品开发经营情况；竞争对手的销售渠道、宣传手段和广告策略；现有竞争程度（市场、占有率、市场覆盖面等）、范围和方式；潜在竞争对手状况等。

2．价格调查

从宏观角度看，价格调查主要是对市场商品的价格、水平、市场零售物价指数和居民消费价格指数等方面进行调查。居民消费价格指数与居民购买力成反比，当居民收入一定时，价格指数上升，则购买力就相对下降。从微观角度看，价格调查的内容包括：国家在商品价格上有何控制和具体的规定；企业商品的定价是否合理，如何定价才能使企业增加赢利；消费者对什么样的价格能够接受以及接受程度如何；商品需求和供给的价格弹性有多大，影响因素是什么等。

3. 销售渠道调查

企业应善于利用原有的销售渠道，并不断开拓新的渠道。对于企业来讲，可供选择的销售渠道很多，虽然有些产品可以对消费者采取直销方式，但多数商品要由一个或更多的中间商转手销售，如批发商、零售商等，对于销往国际市场的商品，还要选择进口商。调查内容包括：企业现有的销售渠道能否满足销售商品的需要；企业是否有通畅的销售渠道，如果不通畅，阻塞的原因是什么；销售渠道中各个环节的商品库存是否合理，能否满足随时供应市场的需要，有无积压和脱销现象；销售渠道中的每一个环节对商品销售提供哪些支持，能否为销售提供技术服务或开展推销活动；市场上是否存在经销某种或某类商品的权威性机构，如果存在，他们促销的商品目前在市场上所占的份额是多少；市场上经营本商品的主要中间商，对经销本商品有何要求等。通过调查，有助于企业评价和选择中间商，开辟合理的、效益最佳的销售渠道。

4. 广告调查

广告调查是用科学的方法了解广告宣传活动的情况和过程，为广告主制订决策、达到预定的广告效果提供依据。调查内容包括：广告诉求调查、广告媒体调查和广告效果调查等。广告诉求调查也就是消费者动机调查，包括消费者收入情况、知识水平、广告意识、生活方式、情趣爱好等。只有了解消费者的喜好，才能制作出打动人心的好广告。例如，日本资生堂公司为了在激烈的广告竞争中击败对手，对消费者就化妆品的需求心理和消费情况进行调查，将消费者按年龄分成四种类型：第一种类型为15~17岁的消费者，她们讲究打扮、追求时髦，对化妆品的需求意识较强烈，但购买的往往是单一的化妆品；第二种类型为18~24岁的消费者，她们对化妆品采取积极的消费行动，只要是中意的商品，价格再高也在所不惜，这一类消费者往往是购买整套的化妆品；第三种类型为25~34岁的消费者，她们大多数已结婚，因此对化妆品的需求心理和消费行动也有所变化，化妆已是她们的日常生活习惯；第四种类型为35岁以上的消费者，她们中间可分为积极派和消极派两种类型，但均显示了购买单一化妆品的倾向。资生堂公司根据上述情况，制订了"年龄分类"的广告销售策略，在广播、电视和报刊上，针对各类型的特点大做广告，并努力使化妆品的式样、包装适应各类消费者的特点和需要，使产品受到普遍欢迎。

广告媒体调查的目的是使广告宣传能达到理想的效果，广告媒体是广告信息传递的工具，目前各种媒体广告种类繁多，大致可归纳为以下四类：视听广告、阅读广告、邮寄广告、户外广告。约有三分之二的广告费用花在媒体上，因此，如何以最低的广告费用求得最大的媒体影响力，是企业和广告制作者密切关注的问题。只有通过调查了解情况，将各类媒体的长处和短处进行比较，才能选择合适的媒体或媒体组合，增强媒体广告的效果。

四、市场调查的原则

（一）客观性原则

市场调查必须实事求是，尊重客观事实。调查人员和调查机构应自始至终保持客观的态度，寻求反映事实真实状态的准确信息，不允许带有任何个人主观的意愿或偏见进行市场调查活动。市场调查人员的座右铭应该是"寻求事物的本来状态，说出事物的本来面目"。市场调查的最终结果，不能靠主观臆断，不能直接指示或决定最终答案。

（二）准确性原则

市场调查必须获取真实、准确的信息，才能有效地为管理决策提供信息服务。市场调查必须真实、准确地描述客观现象的数量表现和属性特征，调查误差应尽可能小；调查数据涉及的主体单位、时间、地点需准确无误；数据的计量范围、计量单位要科学；调查结果的描述必须明晰、准确，不能含糊不清、模棱两可。

（三）时效性原则

在现代市场经营中，时间就是机遇。抓住机遇便为成功铺平了道路，丧失机遇会导致整个经营策略和活动的失败。市场调查的时效性表现为应及时捕捉和抓住市场上所有有用的情报和信息，及时分析、反馈，为企业所有经营过程适时地制订调整策略提供依据。市场调查工作开始后，要充分利用有限的时间，尽可能多地搜集所需的资料和信息，对生产或经营的顺利进行创造有利的条件。

（四）全面性原则

市场调查应全面搜集企业生产经营方面的信息资料。因为在社会化大生产条件下，企业的生产经营活动既受内部因素也受外部因素的影响和制约，这些因素既可以起积极作用，也可以阻碍企业的正常发展。而且其中多种因素之间的变动互为因果关系，如果只是单纯地了解某一事物，而不去考察这一事物如何对企业发挥作用并探究其原因，便不能把握这一事物的本质，也就难以对影响生产经营的关键因素做出正确的结论。市场调查既要了解该企业的生产经营实际，又要了解竞争对手的有关情况；既要认识到企业内部机构设置、人员配备、管理素质和方式等对经营的影响，也要调查社会环境各方面对企业和消费者的影响程度。

（五）经济性原则

市场调查是一种耗费时间、人力、物力和财力的活动，开展市场调查活动时，应按照调查目的和要求，进行调查项目的成本效益分析，即在调查内容不变的情况下，比较不同的调查方式与方法的费用，从中选择出调查费用少，又能满足调查目的和要求的调查方式方法，争取用较少的费用获取更多的调查资料。

（六）科学性原则

市场调查应在时间和经费允许的情况下，尽可能获取更多、更准确的市场信息。为此，必须对市场调查的全过程做出科学的安排，采用科学的方法制订市场调查的程序，运用科学方法的处理市场调查的结果，用调研报告和数据表的形式向社会或委托人公布调查中发现的问题，受到的启示和有关建议等，以帮助管理决策部门做出正确的决策。

五、市场调查的过程

市场调查的全过程可划分为市场调查准备、市场调查计划、市场调查组织与实施、市场资料分析四个阶段，每个阶段又可分为若干具体步骤。

（一）市场调查准备阶段

市场调查准备阶段主要包括三项工作：发现问题、确定问题、确定市场调查目标。

1. 发现问题

问题的发现一般从寻找其基本特征开始，问题的基本特征主要有以下三类。

（1）明显的困难。企业在生产经营过程中，可能会出现产品销路不畅、库存积压、亏损、无法继续生产经营等情况，即为明显的困难。

（2）潜在的问题。除了明显的困难之外，企业通常面临一些不明显的问题，如产品市场占有率的逐渐下降、客户忠诚度的下降等。在这种情形下，虽然企业能继续经营，但潜在的问题已经出现，如果不加以重视，很可能演变为企业明显的困难。

（3）机会。在竞争日益激烈的市场条件下，由于消费者习惯和需求的不断变化，产品需要不断地进行更新换代，应及时改变促销策略。企业在观察市场变化的过程中会发现很多机会，这些机会是企业面临问题的重要组成之一。通常，企业是通过对日常生产经营活动的观察和相关资料的分析来发现问题，途径主要有：经理人员的观察；管理人员、业务人员与消费者的接触和沟通；从其他问题的调查和分析中发现的线索；营销信息系统所提供的数据资料等。

2. 确定问题

问题的基本特征被发现后，并不意味着最终找到了问题，企业必须进一步研究分析，以确定问题。在确定问题时应遵循如下原则。

要考虑阐述问题的正确性。许多错误的结论是考虑不周的结果，特别是在企业面临问题的情况下。因此，在阐述问题时应该慎重，确保对原来问题的正确理解。

合理界定直接由经营决策问题转化而来的调查问题。一般来说，经营决策问题比较明确，但是要将其转化为市场调查问题却并不简单，确定调查问题的原则是，防止过于宽泛或狭窄，而且要使所搜集的信息足够支持经营决策。

3. 确定市场调查目标

在明确问题之后，企业可以确定市场调查目标，即正式调查的努力方向。市场调查目标一般没有固定的格式或要求，根据具体问题而定，它是调查项目和调查计划的基础。例如，某百货商场一直在努力寻求各种新的服务方式来吸引顾客和满足顾客的需求，假定一位经理有一个设立"先生休息室"的创意，其他经理很赞赏此观点，并同意对此进行市场调查活动。市场经理和调查员应认真地确定调查的问题与目标，把握问题的范围，调查的问题既不能过于宽泛也不能过于狭窄。如果市场经理告诉调查员"去了解你所能了解到的有关顾客的所有需要"，这样的问题范围太宽泛，结果将导致这位经理得到许多无用的信息；相反，如果市场经理说："去了解下一周七天内有多少随同男士需要'先生休息室'服务，提供这种服务能否使商场不赔本。"这样的问题范围太窄，市场调查员会问："提供这样的服务为何非得保本呢？"经过分析研究，市场经理与调查员一致认为问题应该是：与将费用用于商场其他可能的投资相比，在商场中提供"先生休息室"的服务能给商场增加多少利润，能否改变商场的形象。然后，确定这项调查的目标为以下几点：

（1）商场中的男士需要休息室的主要原因是什么？

（2）哪类顾客最有可能需要提供此类服务？

（3）有多少顾客会因这项新服务而到此购物？

（4）这项服务会使顾客对商场保持多久的好感？

（5）与诸如经营品种齐全、保证产品质量、提高营业员素质等方面相比，此类服务的重要性如何？

发现和正确分析问题，可以产生明确的市场调查目标，并进一步产生正确的市场调查架构，这是进行市场调查与预测前不可忽视的一个步骤。

（二）市场调查计划

市场调查计划是对市场调查活动过程进行管理的重要依据，该阶段工作的质量将直接影响到调查效果和工作效率，一般而言，调查计划的制订包括以下内容。

1. 确定调查项目和范围

调查项目就是对调查目标的具体化，通常按调查对象分类，如消费者调查、竞争者调查、企业内部调查等。调查范围根据调查问题和目标确定，包括地域范围、被调查者的范围等。

2. 确定调查所需资料

从资料的来源分，市场资料可分为一手资料和二手资料。一手资料就是为当前特定的目的而亲自收集的资料；二手资料就是为其他特定的目的而已经收集到、整理过的现成资料。

3. 选择调查方法

调查方法指取得调查资料的方法。市场调查有四种基本的资料搜集方法，即文案调查法、观察法、询问（访问）法、实验调查法，在具体调查中究竟选择哪种调查方法，要根据调查的项目、资料的来源、时间紧迫程度等确定。

4. 制订抽样方案

搜集第一手资料有时需要抽取样本进行研究，因此需制订抽样方案，抽样方案一般包括以下三方面内容。

（1）调查总体。就是研究对象的全体，市场调查人员必须明确调查总体。例如，对商场的调查总体就是商场的现有顾客和潜在顾客。但经理要进一步明确，是否需要向中学生以下的人调查，是否需要向大学生调查，是否需要向正在热恋中的年轻情侣们调查等。

（2）样本规模。市场调查人员还必须明确要进行调查的样本规模。一般来说，样本规模越大，可靠性越强，但企业进行市场调查时没有必要也不可能进行全面调查。经验表明，若抽样程序和方法科学，样本规模控制合理，抽样调查具有较高的代表性和可靠性。

（3）抽样方法。抽样方法一般有两种：随机抽样和非随机抽样。利用随机抽样的方法，抽样范围内的个体被抽取的概率是相等的，并且可以估计抽样误差和抽样结果的可信度；利用非随机抽样的方法，抽样时，加入了人们的经验、判断及其他的人为因素，使抽样范围内的个体被抽取的概率不相等。

5. 确定调查联系方法

接触被调查者的方法主要有三种：邮寄问卷、电话访问和当面访问，它们都是询问调查法的具体方式。

6. 确定调查期限

调查期限一般受三个因素的影响：一是样本容量，二是样本地理分布，三是访问员规模。样本容量越大，样本地理分布越分散，访问员规模越小，调查所需时间越长；反之，调查所需时间则越短。

7. 编制调查预算

在制订调查计划时，应该编制调查预算，合理估计调查的各项开支。基本原则是：在调查费用有限的条件下，力求取得最好的调查效果；或者是在保证实现调查目标的前提下，力求最少的调查费用支出。

8. 制订控制措施

为使市场调查业务能有效地开展，调查人员必须事先设计好业务开展后各个环节的控制措施。例如：调查人员选聘的原则和标准；调查人员的培训内容、方式及时间；调查人员的组织结构；调查人员的激励、指导与监督措施；市场调查经理、项目经理、相关管理人员、业务人员（培训员、市场资料分析员）的具体职责等。

（三）市场调查组织与实施

市场调查的核心工作，通常从资料的收集开始。市场资料有第一手资料和第二手资料两种，其中第一手资料的搜集比较重要，现以第一手资料收集为例，阐述市场调查组织与实施过程。

1. 调查人员选聘与培训

在市场调查计划一定的情况下，市场调查是否能取得良好的效果，关键在于能否挑选到合适的市场调查员。优秀调查员应具备的特征和条件包括：形象好、有礼貌、善于接近人及被人接近；性格外向、精力充沛、自信心强、勤劳勇敢，勇于挑战异议、抗拒和障碍的心理；诚实可靠，办事一丝不苟；悟性强，能准确把握谈话的思路，善于领会领导或计划意图，并能按其要求操作；具备一定的市场营销知识与分析问题的能力。

企业要对挑选出的调查员进行一定的培训，内容包括：企业情况的基本介绍；调查计划中的调查目标、抽样方案的讲解；调查问卷中的各个问题的解释；人际接触技巧；恰当的访问时间；外表的修饰与礼仪；答卷方式的选择；小礼品的赠送时机；面临拒访的处理方法；对被访者不能回答或难以确定的问题的处理等。培训的具体方式主要有讲课、角色模拟两种方式。

2. 调查实施与督导

市场调查的组织者根据调查方案的要求，将各位调查员分别派往各调查区域，正式开始市场调查业务，市场调查的实施过程如下。

（1）访问执行。首先，市场调查员自我介绍，向被调查者说明来意，作为双方谈话的开始；其次，在调查员与被调查者之间初步建立起一定个人联系的基础上，开始提问；最后，在提问和应答过程完成后，调查员不应急于结束访问，而应该与被调查者就人别问题展开简短的、非正式的自由讨论，试图引导对方回答先前不愿意提供答案的问题，或鼓励对方透露一些他们认为暂时还需要保密的某些细节，然后再结束访问。

在执行访问的过程中，调查员可能会遇到诸如被调查对象不在家、拒绝合作、回答不诚实或者外界干扰等问题，调查人员应该提前做好准备，以便妥当应对。

（2）监督管理。对调查人员的监督管理，应自第一次出发访问时开始，终于全部访问工作的结束。监督管理工作如下。

①初步的编辑。即对已获得的部分资料，进行初步的整理与编辑。一方面可了解调查工作的进度，发现调查中的不当之处；另一方面，资料随到随处理，可节省时间，提前完成调查报告。

②跟踪检查。跟踪检查的形式有：追查访问，是指另派调查员实施复查，以确定访问人员是否曾前去访问；电话检查，即通过打电话对被调查者实施复查，此种检查方法迅速而准确；通信检查，即以信函方式进行复查，询问被调查者是否被访问过，以及对整个访问工作是否有补充意见或批评；路线检查，是指派员依照访问人员预定的路线查看，核对是否按照预定时间抵达访问地点、每次访问的时间以及询问的态度与方法等。

（四）市场资料分析

1. 资料整理

（1）资料的编辑与分类编号。资料编辑工作是把收集来的原始资料中错误及不足之处予以校正或补充，目的是保证资料正确、完整，而且能归属于正确的分类之中，以使整理出来的资料具有代表性。编辑之后，应将所获资料按特性加以分类编号。

（2）分类原则。分类编号时，应遵守的原则如下。

①抽样原则。如有不符合抽样原则的资料，应予以删除，以免影响整体的准确性。例如，样本规定为已婚妇女为访问对象，结果在编辑时发现，被访者是未婚女性，则该样本应予以删除。

②资料的可用性原则。若资料填写字迹潦草，无法了解其准确内容，则应尽可能请访问员写清楚；若有资料栏内空白、漏填或不完整，应让访问员重新访问。

③分类的恰当性与分类后资料的完整性原则。选择恰当的资料分类依据，既要注意资料分类后的完整性，又要注意各类资料间的互斥性。

（3）特殊资料的处理。在资料整理过程中，可能会存在特殊的资料，应采取适当的方法进行整理，主要有如下情况。

①资料存在明显的错误。在回收的问卷中，发现显然的错误，要予以删除。如在家电市场调查中，询问电视机的拥有状况，在回收问卷中，有被访者回答其所购买的电视机品牌为某品牌，但在实际市场上无此品牌，应用此品牌的是电冰箱，则该资料明显错误，应予以删除。

②答案不完整。在回收问卷中，常常会发现很多资料不完整的情况。例如，在香皂品牌调查中，第一题是对所有已使用过的香皂品牌的回忆，后面一题是经常使用的品牌。若第一题的回答中没有"力士"品牌，而后面一题却回答经常使用"力士"品牌，在此种情况下，"力士"品牌是否应补入第一题答案中，值得商榷。

③答案是"不知道"或无答案。在回收的问卷中，若回答"不知道"的比例甚多，则会严重影响资料的利用价值。如果"不知道"的回答所占的百分比大，对此可采用的处理方法大致有以下两种：

将"不知道"的答案按比例分配到其他各项，消除"不知道"的答案，这是最简单的方法。

将"不知道"表现出来，不加以任何更改。这种方法容易让使用资料的人了解资料搜集时可能的错误，如措辞不明、问卷设计不当等。

当然，"不知道"有可能是一种合理的答案。一些题目是询问被调查者对于某种事情的知识，而回答"不知道"是预料中的答案之一。例如，对于"您认为扣制房价上涨的最有效措施是什么"的问题，"不知道"为最合理的答案。

2. 资料列表分析

（1）多种答案的列表分析。一个问题有多种答案的情形经常存在，如："您在上周中阅读了哪几种报纸？"对于这样的问题，被调查者会回答一种以上的报纸，对答案可以进行列表分析。

①按照回答者比例列表。根据各报纸阅读人数分别计算出它们的阅读率。由于每一回答

者可能阅读两种以上的报纸，因此，百分比总和可能超过100%。

②按照回答者阅读报纸份数列表，即以回答者同时阅读多少种报纸为分类标准。

（2）选择题列表分析。由于选择题已事先拟好答案，统计时应该按照研究目的，将答案予以列表统计分析。

（3）交叉列表分析。指同时将两个或两个以上的有一定联系的变量及其变量值交叉排列在一张表内，从而帮助调查者深刻认识变量之间关系的一种列表分析方法。

六、服装市场预测的内容

服装市场预测和服装市场调查一样，内容广泛，也比较复杂。对于服装企业来说，进行服装市场预测，主要有以下几个方面的内容。

（一）服装市场需求预测

服装市场需求预测，是指对某种服装商品的现实购买者和潜在购买者需求的总和的预测，是预测消费者在一定时期、一定市场范围内，对某种服装商品具有支付能力的需求。它不仅包括服装需求量的预测，还包括对服装产品的品种、规格、花色、型号、款式、质量、包装、品牌、商标等的预测。影响服装市场需求的因素很多，有社会因素、政治因素、经济因素、自然因素、产品销售因素等，主要是经济因素中的社会购买力，如消费者收入、消费支出、币值等因素。因此，对服装市场需求的预测必须建立在充分调查的基础上，对服装商品购买力、服装消费需求量等分别进行预测，了解消费者需要什么、需要多少。

服装市场需求预测包括质与量两个方面。从质的方面考查，需要解决消费者需要什么；从量的方面考查，需要解决需要的量是多少。服装企业通过预测服装市场需求的变化，及时调整企业的生产规模，防止服装供过于求，从而保持服装生产的良性循环。

（二）服装产品生命周期预测

生命周期，即生命的历程。生物体都会经历一个从出生、成长、老化、死亡的生命过程。服装产品也不例外，服装产品的生命周期是指一种服装新产品上市，在服装市场上由弱到强，又从盛转衰，直到被服装市场淘汰为止的全过程。它包括引入期、成长期、成熟期和衰退期四个阶段。服装产品的生命周期不同于其他产品的生命周期，服装产品生命周期的典型特征是短期性。

服装商品是一种时尚性很强的商品，因此，它的成长期相对较长，成熟期相对较短，衰退期也来得更早。此外，不同风格种类的服装商品，其品牌商品生命周期也有所不同。依据服装商品时尚性的强弱，可以分为经典类和时尚类。

（1）经典类：显示了人们对于衣着的一种基本的和独特的品位或风格。一旦这种品味或风格形成后，会维持许多年代，在此期间时而风行、时而衰落，其产品生长周期如图7-1所示。

（2）时尚类：是快速风靡一时，甚至被狂热地购买，很快达到高峰，然后迅速衰退，其生命周期很短，且趋于只吸引有限的时尚追求者。时尚类服装品牌商品引入期的结束就意味着它的衰退期已经开始。如图7-2所示为时尚类服装商品生命周期。

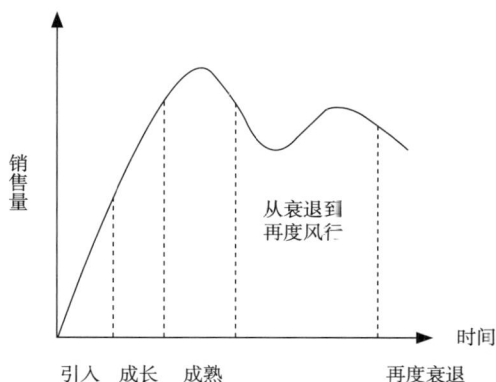

图7-1 经典类服装商品生命周期

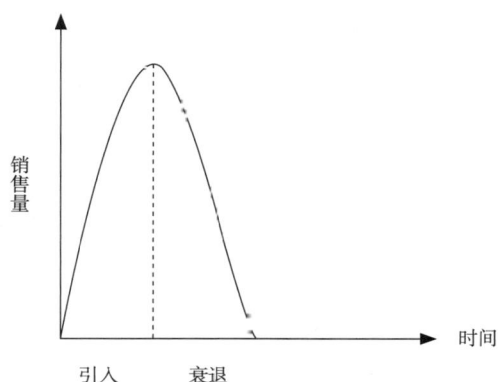

图7-2 时尚类服装商品生命周期

一方面，时尚性越强的服装商品，其生命周期就越短，其经营风险也就越高；另一方面，时尚性越强的服装商品就越有可能成为畅销一时的新款，因而利润就越丰厚。由此可见，服装商品的生命周期与其时尚性成反比，而利润与经营风险成正比。

（三）服装市场占有率预测

服装市场占有率预测是指在一定的市场范围内，服装企业提供的某种服装商品的销售量在同一市场服装商品销售量中所占的比例，或指该服装企业的服装商品销售量占当地市场服装商品销售量的比例。

服装企业进行服装市场占有率预测的分析，可以揭示服装企业所处的地位及变化机会，从而不为销售量的绝对数所迷惑。使其真正感受到市场竞争的压力，促进服装企业注重品牌的更新换代，注重服装质量的提高及促销方法的改进，以留住老顾客、吸引新顾客，在服装市场竞争中立于不败之地。

（四）服装市场销售预测

服装市场销售预测，是指对服装商品销售量的预测。即服装企业从质和量两个方面进行预测，以解决"适销对路"'销售数量和销售额"的问题。

服装企业对服装商品销售进行预测，可以使服装企业进一步了解消费者的具体要求，找出服装商品在销售过程中存在的问题，为服装企业确定生产经营计划，特别是销售计划、销售措施提供依据。

服装市场预测的内容还包括流行主体的预测、目标利润的预测以及风险利润的对比等。

七、服装市场预测的程序

服装市场预测作为一个信息系统，它的正常运转应遵循一定的程序，以便更有效地为决策服务。图7-3为服装市场预测的基本程序。

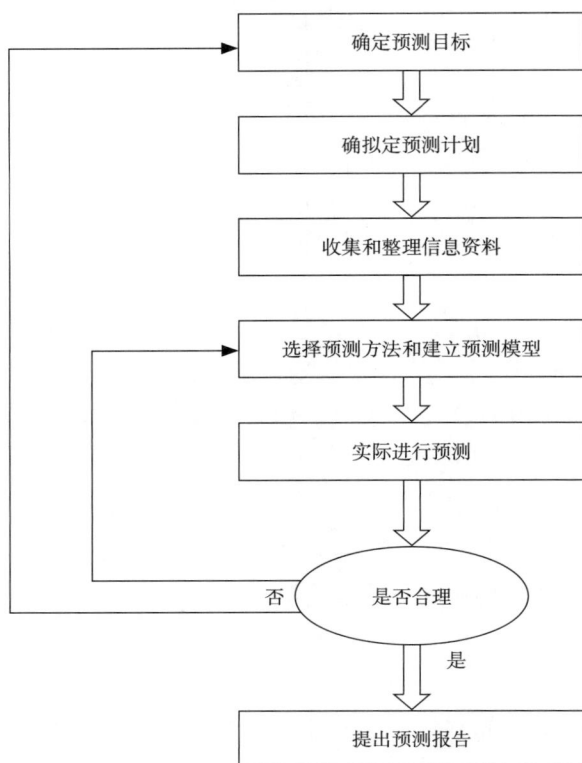

图7-3 服装市场预测基本程序

八、服装市场预测的方法

进行市场预测不仅需要掌握必要的资料，而且需要运用科学的预测方法。据统计，市场预测的方法有上百种之多，其中使用广泛且有效的约二三十种，经常使用的有十几种。用于服装市场预测的方法大体归纳为三种，即直观预测法、时间序列分析法和相关分析法。

1. **直观预测法**

也称判断分析预测法，是由预测人员根据已有的历史资料和现实资料，依靠个人的经验和综合分析能力，对市场未来的变化趋势作出判断，并以判断为依据做出预测，属于定性预测的方法。

2. **时间序列分析法**

这种方法是将经济发展、购买力增长、销售变化等同一变数的一组观察值，按时间顺序加以排列构成统计的时间序列，然后运用一定的数学方法使其向外延伸，预计市场未来的发展变化趋势，确定市场预测值，属于定量预测的方法。

3. 相关分析法

这种方法也称因果分析法。利用经济发展过程中经济因素的内在联系，运用相关分析的理论判断其相关的性质和强度，从而预测产品的市场需求量和发展趋势。这是一种定量预测方法，适用于中、长期预测。

九、撰写市场调研报告

（一）市场调研报告的概念

市场调研报告是指用书面表达的方式反映调查过程和调查结果的一种分析报告，通过文字、图表等形式展现调查研究成果，使研究者对所调查对象和所关心的问题有全面的认识。对于企业来说，开展市场调研的目的就是获得包含决策所需信息和依据的调查报告。

（二）撰写调研报告的基本要求

撰写一份好的调研报告并不容易，调研报告本身不仅能体现调研机构的研究水平和质量，同时也反映撰写者的知识水平和文字功底。好的调研报告，不仅要考虑客户或读者的技术水平、对调研项目的兴趣，还应当考虑阅读者可能的阅读环境以及使用该报告的方法。在撰写调研报告时，应注意以下事项：

1. 有针对性

撰写调研报告必须明确调研的目的，做到有的放矢，围绕主题展开论述。调研报告必须明确阅读对象。报告是为特定的客户或读者撰写的，如果不明确需解决的问题，又不明确读者对象，那么针对性就不强，撰写出来的调研报告就是盲目、毫无意义的。

2. 内容新颖

调研报告应紧紧抓住社会经济活动的新动向、新问题，利用调研得到的新发现，提出新观点，形成新结论。特别是要紧密结合市场发展的新形势、新变化，为科学决策提供依据。这样的调研报告，才更具有使用价值。避免只把众所周知的、常识性的或陈旧的观点和结论写进去。

3. 有可读性

调研报告作为一种应用性文体，要重视其可读性。首先要观点鲜明突出；其次是内容的有序性，材料的组织需有逻辑性，使读者能够容易理解报告各部分内容的内在联系；再次是行文流畅，通俗易懂；最后要力求简明扼要，删除不必要的词句。

4. 实事求是

调研报告的突出特点是用事实说话，应以客观的态度撰写报告。行文时，应以向读者报告的语气撰写，不能表达出说服读者同意某种观点或看法的态度。客户关心的是调研结果和发现，而不是研究者个人的三观看法。

5. 图文并茂

在报告中，适当地插入图、表及其他可视性较强的表现形式来强调重要信息。直观可视的图、表等有助于报告撰写者和读者之间进行交流，也可以增强报告的明晰程度和效果。但图、表的数量不应过多，否则会适得其反，一般图、表应与相关的文字内容放在一起，方便读者进行图文交互阅读。

6. 引用注释

这一点是很多人常忽视的一个问题。通过注释，指出资料的来源，以供读者查证，也体现对他人研究成果的尊重。注释应详细准确，被引用资料的作者姓名、书刊名称、所属页码、出版单位和时间等都应予以列明。

7. 格式规范

报告的外观是对报告的包装，不仅体现报告本身的专业水平，而且还反映了调研机构的企业形象。所以，应该认真选择设计报告中所用字体的类型、大小、颜色、字间距等，文章的编排要大方、美观，有助于阅读。另外，报告应使用质地好的纸张打印、装订，封面选择专门的封面用纸。总之，最后呈交的报告应当是专业和规范的文件。

（三）调研报告的基本结构

调研报告的结构不是固定不变的，不同的调研项目，不同的调研者或调研公司，不同用户的调研报告，都可能会有不同的结构和风格。调研报告一般是由标题、目录、摘要、调研概况、调研结果、结论与建议、局限性和附录等部分构成。

1. 标题

标题可以做成调查报告的封面，单独占用一张纸，包括市场调查报告的标题、委托方、调查方的项目负责人（撰写调查报告者）、提交报告的日期等。如果报告属于机密的，应该在标题页的某处标注清楚。

2. 目录

提交调查报告时，如果涉及的内容和页数较多，为了便于阅读，应把各项内容用目录或索引的形式书写出来，使读者对报告的整体框架有较为具体的了解。目录是报告中完整反映各项内容的一览表，包括题目、大标题、小标题、附录及各部分所在页码等，特别短的报告可免去此项。

3. 摘要

摘要是调研报告中的内容提要，是对调研活动获得的主要结果的概括说明，是调研报告专门为客户经理等主管人员撰写的内容，在整个调研报告中占有特别重要的地位。客户经理等主管人员往往对调研过程的细节没有专业的知识和兴趣，更加注重主要结果与结论。摘要肉容一般在整个报告完成后再进行总结提炼。摘要一般要简略提及研究目的、范围和方法，重点说明研究的发现和结果，写作时应注意以下事项：

（1）摘要只给出最重要的内容，一般应控制在二三页。

（2）可分成若干个小段，每段要有小标题，内容应当简练。

（3）能够引起读者的兴趣，去进一步阅读报告的其余部分。

4. 调研概况

调研概况又称为"序言"，着重强调为什么做调研，如何开展调研以及得出怎样的结果，可从以下方面来叙述。

（1）背景和目的。在这份报告内容中，研究者要对调研的由来或受委托进行该项调研的原因做出说明。说明时，应尽可能以有关的背景资料为依据，简短罗列客户企业在生产经营中面临的问题，在对研究背景进行分析的基础上，提出调研的目的以及包含的信息范围。

（2）调研方法。对调研的过程、时间、地点、对象、资料收集方法和抽样方法等做比较详细的介绍，对调研的局限性和不足之处也应予以实事求是地说明。这部分的主要内容包括调研地点、调研对象、访问完成情况、样本的结构、资料的采集、访问员介绍和资料处理方法及工具等。

5. 调研结果

这是调研报告的主体部分，主要是将调研的结果进行说明，包括数据、图表以及相关的文字说明。要对调查研究中发现的基本事实资料进行有组织、有重点、有层次地陈述，以便读者理解有关文字说明。可选择重要且简单明了的图表插入相应的叙述内容中，过分复杂冗长的图表则应列入附录部分。

调研报告中常常要用若干统计表和统计图来呈现数据资料。但是仅用图表将调研所得的数据资料呈现出来还不够，研究人员还必须对图表中数据资料所隐含的趋势、关系或规律加以客观地描述和分析，也就是说，要对调研结果做出解释。包括找出数据资料中存在的趋势和关系，识别资料中所隐含的意义，并用适当的语言加以描述。

6. 结论和建议

从调查研究的性质来说，调研报告是不提供建议的，所以是否撰写这部分内容，完全由研究人员自己决定。但是随着市场研究业务的竞争越来越激烈，研究人员主动提供建议以提高用户满意度的情况越来越普遍，有些调研项目的客户方也要求研究人员提出建议。

7. 局限性

应当让客户了解调研的局限性，如陈述样本规模和样本选择、抽样框及抽样误差。陈述研究局限性的目的在于指出研究结果的不足，以便在应用研究结果时引起注意。描述这些局限性时必须实事求是，对局限性过分夸大会使人对研究成果产生怀疑。

8. 附录

附录是指调研报告中正文没有包含或没有提及，但与正文有关、必须附加说明的部分。这一部分包括调研报告中引用的数据资料、统计报表、资料的分类统计数据、研究方法以及参考文献等，它是正文报告的补充或更详尽的说明。通常用作市场调研报告附录部分的资料有下列几种：

（1）项目策划书。

（2）实地调研问卷，并加序言说明这份问卷要求达到的目标。

（3）抽样有关细节的补充说明。

（4）现场走访人员约访时间表的抄本或日记。

（5）主要质量控制数据，例如调研中的拒访率、无回答率等，一些有经验的市场研究人员可以根据这些内容判断结果的有效性。

（6）技术细节说明，比如对一种统计工具的详细阐释。

（7）调研获得的原始数据图表，而且这些图表在报告正文中已有提及。

（8）提供资料人员的名单，标明作为文案调研和实地调研资料来源的单位或个人的名称和地址等。

第二部分　实训环节

一、实训准备与安排

1. 实训时间

实训周期2天。

2. 实训地点

校外。

3. 实训前的准备

认真学习服装市场调查与预测的全部内容，了解服装市场调研的种类、调查内容、调查原则和程序，市场预测内容、程序和方法，对调查的主体进行分析，掌握市场调研报告的写作技巧。

二、实训内容与要求

1. 实训内容

组织学生按照指定的背景资料撰写营销调研报告。在选择相关类型服装或服装品牌时，可参照下面服装类别和品牌：

（1）青年休闲品牌：真维斯、以纯、美特斯邦威、森马、杰克琼斯、斯莱德等。

（2）运动服装品牌：李宁、安踏、耐克、阿迪达斯、彪马、361°等。

（3）男装品牌：罗蒙、雅戈尔、杉杉、红豆、海澜之家、利郎、七匹狼等。

（4）女装品牌：Only、Vero Moda、江南布衣、欧时力、哥弟、艾格等。

（5）童装品牌：巴拉巴拉、阿童木、娃哈哈、派克兰帝等。

（6）户外服装品牌：探路者、哥伦布、The North Face、凯乐石、Columbia等。

本次调查结果的最终形式为调研书面报告，具体内容将包括：前言、摘要、研究目的、研究方法、调查结果、结论与建议以及附录七个部分。

2. **实训要求**

（1）要求学生掌握营销调研报告撰写的基本知识，做好实训前的准备。

（2）要求教师在实训过程中做好组织工作，给予必要的、合理的指导，使学生能够撰写出符合要求的调研报告。

三、实训方法与步骤

（1）将学生分为若干小组。每组3～5人，每组设组长1名，负责组织本组成员进行实训。

（2）各小组由组长组织讨论，确定工作内容，并确定具体人员分工。

（3）根据背景资料给出的调查结果进行数据分析，得出相关结论。

（4）起草调研报告。

（5）组长组织小组讨论，对报告草稿进行修改并定稿打印。

（6）各组将调研报告的主要内容制成PPT，并推荐1名组员向教师和同学们汇报本组工作。

（7）同学点评，然后教师讲评。

（8）上交书面调研报告。

四、实训考核（表7-1）

表7-1　实训考核评分表　　　　　　　　　　　　　　单位：分

考核项目标准	分值
数据分析情况	20
结论是否全面和正确	30
调研报告的规范程度	30
PPT 的制作	10
汇报工作的仪态及语言表达	10
合计	100

项目八　促销方案的制订与实施

<table>
<tr><td>实训目的</td><td>　　通过本项目学习，学生学会使用观察、学习、总结等方法，掌握服装促销的方式、特点、实施步骤和注意事项等内容，对服装促销有直观的认识及印象，并能够通过该环节掌握的知识和技能，实施促销方案的制定和具体实施。</td></tr>
</table>

第一部分　理论知识

　　在现代市场经济条件下，企业开展营销活动，不仅要求开发适销对路的优质服装产品，制订有吸引力的价格，通过适当的渠道销售，还需要与现有的潜在的目标消费者进行沟通，将企业产品和服务的信息及时传递给消费者，激发消费者的购买欲望，促进服装产品的销售。促销是市场营销组合策略的重要组成部分。

一、观察、比较服装卖场的促销方案

（一）销售促进的概念

　　所谓销售促进，是指企业运用各种短期诱因，刺激与鼓励顾客购买企业产品或服务的营销活动。美国市场营销协会定义委员会认为，销售促进是指"除了人员推销、广告、宣传以外刺激消费者购买的各种市场营销活动，例如，陈列、演出、展览会、示范表演以及其他推销努力。"该委员会还指出，在美国零售业，销售促进被理解为零售企业"刺激顾客的一切方法，包括人员推销、广告和报道"，因此，它常被视为促销的同义语。

　　长期以来，由于翻译原因，销售促进有很多叫法。在国内早期市场营销及相关著述中，它被翻译成"营业推广、促进销售、营业提升、促销推广、促销"等。而国内学术界和管理界最常用的就是"促销"，其实，即便在国外学术性论文中，也有类似的习惯用法。但是，在市场营销理论中，促销与销售促进是有区别的。促销概念有广义和狭义之分。狭义的促销仅指销售促进，而广义的促销则包括销售促进、广告、人员推销和公共关系四大促销组合工具。

（二）销售促进的特点

与其他信息传播工具相比，销售促进的主要特点有以下几种：

1. 刺激强烈

销售促进大多使用某些能够直接带给消费者、用户或经销商利益的方法，刺激需求，促使消费者、用户或经销商立即采取购买行动或增加购买量，因此，刺激作用既直接又强烈。

2. 即时与短暂效应

与其他信息传播工具相比，销售促进更注重产品销售目标。根据产品特性、顾客心理及市场状况，灵活运用各种销售促进方法，企业能够使其产品很快引起关注，收到迅速扩大销售的效果。

3. 方式多样，不拘一格

销售促进的方式非常多，而且还会不断有新的方法被发明出来。不过，销售促进往往伴随着各种优惠活动，很容易使人们联想到企业生产经营遇到了问题，产品积压，质量下降，甚至认为企业有倒闭的危险，有损产品或企业形象，降低身价。若使用的次数太多，则在顾客心中引起该产品或品牌是否入流、可靠的疑心。因此，注重品牌形象的企业要慎用。

（三）销售促进的分类

根据销售促进的对象不同，可以将其划分为三大类：对消费者促销、对经销商促销和对销售员促销。

1. 对消费者促销

这一类促销活动的对象是消费者，也是最终购买者，因此是最直接的促销方式，使用频率也很高，其中主要包括六种手段：赠寄代金券、发放价格折扣商业广告、赠送样品、发放奖品、附加赠送、竞赛抽奖活动。

2. 对经销商促销

把产品卖给消费者的是经销商，所以对于制造商而言，对经销商促销，提高他们的积极性，也是非常必要的。对经销商的促销主要有以下六种形式：广告技术合作、业务会议和贸易展览、现场演示、交易推广、经销商竞赛、企业刊物的发行。

3. 对销售员的促销

上面两大类促销都是针对企业外界的，第三类是针对企业内部的促销，其目的是建立员工的意识，而不是指对企业内部的销售，包括对销售员的培训和奖励。

（1）销售员培训（Sales Training），目的在于加强销售员的知识、技能、态度等。以集体培训方式来说，典型的做法有以下几种：课堂讲授、集体讨论、个案研究、角色扮演方式等。

（2）销售员竞赛（Sales Contests），指以销售员的销售金额、新开拓客户数目、总利润额以及各种评估结果，促使销售员彼此竞赛，对于表现优良者给予表扬和颁发奖品。

企业通常针对需要解决的问题，将不同的销售促进方式组织起来，并结合广告、人员推销、公共关系等方式，取长补短，发挥合力作用的效果。

二、电子商务的促销方式

（一）电子商务的概念

电子商务（Electronic Commerce）通常是指在全球各地广泛的商业贸易活动中，在因特网开放的网络环境下，基于浏览器、服务器应用方式，买卖双方不谋面地进行各种商贸活动，实现消费者的网上购物、商户之间的网上交易和在线电子支付以及各种商务活动、交易活动、金融活动和相关的综合服务活动的一种新型的商业运营模式。

（二）电子商务的分类模式

电子商务主要可以分为B2B、B2C、C2C、B2M、M2C五类电子商务模式。

1. B2B模式

B2B（Business to Business）指的是商家（泛指企业）对商家的电子商务，即企业与企业之间通过互联网进行产品、服务及信息的交换。通俗的说法是指进行交易的供需双方都是商家（或企业、公司），使用Internet的技术或各种商务网络平台，完成商务交易的过程。这些过程包括：发布供求信息，订货及确认订货，支付过程及票据的签发、传送和接收，确定配送方案并监控配送过程等。B2B的典型是阿里巴巴、中国制造网等。

2. B2C模式

B2C（Business to Customer）是我国最早产生的电子商务模式，即企业通过互联网为消费者提供一个新型的购物环境——网上商店，消费者通过网络在线上购物、支付。由于这种模式节省了客户和企业的时间和空间，大大提高了交易效率，对于工作忙碌的上班族，这种模式可以为其节省宝贵的时间。

3. C2C模式

C2C（Consumer to Consumer）同B2B、B2C一样，是电子商务的几种模式之一，不同的是C2C是用户对用户的模式。C2C商务平台是通过为买卖双方提供一个在线交易平台，使卖方可以主动提供商品上网拍卖，而买方可以自行选择商品进行竞价。C2C的典型是淘宝网、易趣网、拍拍网等。

4. B2M模式

B2M（Business to Manager）是相对于B2B、B2C、C2C的电子商务模式而言的一种全新的电子商务模式。这种电子商务相对于以上三种有着本质的不同，其根本的区别在于目标客户群的性质不同，前三者的目标客户群都是作为一种消费者的身份出现，而B2M所针对的客户群是该企业或者该产品的销售者或为其工作者，而不是最终消费者，B2M本质上是一种代理模式。

5. M2C模式

M2C（Manager to Consumer）是相对于B2M的电子商务模式而出现的延伸概念。B2M环节中，企业通过网络平台发布该企业的产品或者服务，职业经理人通过网络获取该企业的产品或者服务信息，并且为该企业提供产品销售或者提供企业服务，企业通过经理人的服务达到销售产品或者获得服务的目的。在M2C环节中，经理人将面对最终消费者。

（三）电子商务企业促销方式

电子商务公司由于其商品买卖的灵活性及网上购物的特点，促销也与实地大型商场的传统促销方式不同。

1. 网上折价促销

折价亦称打折、折扣，是目前网上最常用的一种促销方式。因为目前网民在网上购物的热情远低于商场、超市等传统购物场所，因此网上商品的价格一般都要比传统方式销售要低，以吸引人们购买。由于网上销售商品不能给人全面、直观的印象，也不可试用、触摸，再加上配送成本和付款方式的复杂性，所以造成网上购物和订货的积极性不高。而幅度比较大的折扣可以促使消费者进行网上购物的尝试并做出购买决定。折价券是直接价格打折的一种变化形式，有些商品因在网上直接销售有一定的困难性，便结合传统营销方式，可从网上下载、打印折扣券，到指定地点购买商品时可享受一定优惠。

2. 网上变相折价促销

变相折价促销是指在不提高或稍微增加价格的前提下，提高商品或服务的品质、数量，较大幅度地增加商品或服务的附加值，让消费者感到物有所值。网上直接进行价格折让容易造成品质降低的怀疑，利用增加商品附加值的促销方法会更容易获得消费者的信任。

3. 网上赠品促销

赠品促销目前在网上已应用，一般情况下，在新产品推出试用、产品更新、对抗竞争品牌、开辟新市场等情况下利用赠品促销可以达到比较好的促销效果。赠品促销可以提升品牌和网站的知名度，也可以鼓励人们经常访问网站以获得更多的优惠信息，同时还能根据消费者索取赠品的热情程度而总结分析营销效果和产品本身的反应情况等。

4. 网上抽奖促销

抽奖促销是网上应用较广泛的促销形式之一，是大部分网站乐意采用的促销方式。抽奖促销是以一个人或数人获得超出参加活动成本的奖品为手段进行商品或服务的促销，网上抽奖活动主要附加于调查、商品销售、扩大用户群、庆典、推广某项活动等。消费者或访问者通过填写问卷、注册、购买商品或参加网上活动等方式获得抽奖机会。

5. 积分促销

积分促销在网络上的应用比起传统营销方式要简单和易操作。网上积分很容易通过编程和数据库等来实现，并且结果可信度很高，操作起来相对较为简便。积分促销一般设置价值较高的奖品，消费者通过多次购买或多次参加某项活动来增加积分以获得奖品。积分促销可以增加上网者访问网站和参加某项活动的次数，增加上网者对网站的忠诚度，提高活动的知名度等。现在不少电子商务网站"发行"的"虚拟货币"应该是积分促销的另一种体现，例如8848网站的"e元"，酷必得网站的"酷币"等。网站通过举办活动来使会员"挣钱"，同时可以用仅能在网站上使用的"虚拟货币"来购买本站的商品，实际上是给会员购买者相应的优惠。

6. 网上联合促销

由不同商家联合进行的促销活动称为联合促销，联合促销的产品或服务可以起到一定的优势互补、互相提升自身价值等效应。如果应用得当，联合促销可起到相当好的促销效果，如网络公司可以和传统商家联合，以提供在网络上无法实现的服务。

以上六种是网上促销活动中比较常见的方式，其他方式例如节假日的促销、事件促销等都可与以上六种促销方式进行综合应用，但要想使促销活动达到良好的效果，必须事先进行市场分析、竞争对手分析以及网络活动实施的可行性分析，与整体营销计划结合，创意性地组织实施促销活动，使促销活动新奇，富有销售力和影响力。

三、销售促进策划与设计

一般来讲，企业的销售促进策略包括确定目标、选择工具、制订方案、预试方案、实施和控制方案以及评价结果等内容。

（一）确定销售促进目标

销售促进目标是由基本的市场营销沟通目标推演出来的，而后者又是由产品更基本的市场营销目标推演出来的。从这个角度讲，销售促进的特定目标将依目标市场的不同而有所差异。

（二）选择销售促进工具

不同的销售促进工具可以用来实现不同的目标，各种新工具正不断地被开发使用。选择销售促进工具，必须充分考虑市场类型、销售促进目标、竞争情况以及每一种销售促进工具的成本效益等因素。

（三）制订销售促进方案

企业市场营销人员不仅要选择适当的销售促进工具，而且还要做出一些附加的决策以制定和阐明一个完整的促销方案。主要决策包括诱因的大小、参与者的条件、促销媒体的分配、促销时间的长短、促销时机的选择、促销的总预算等。

1. 诱因的大小

市场营销人员必须明确使企业成本、效益最佳的诱因规模。一定条件下的最小诱因规模才足以使促销活动引起足够的注意。当超过这个点时，较大的诱因以递减的形式增加销售反应。

2. 参与者的条件

销售促进策略的另一个重要内容，就是决定参与者的条件。通过确定参与者的条件，卖主可以有选择地排除那些不可能成为商品固定使用者的人。

3．**促销媒体的分配**

市场营销人员还必须决定如何将促销方案向目标市场贯彻。每一种途径的送达率和成本都不相同。

4．**促销时间的长短**

市场营销人员还要决定销售促进时间的长短。如果时间太短，一些顾客可能无法重复购买，或由于太忙而无法利用促销的好处。如果促销时间长，消费者可能认为这是长期降价，而使优待失去效力，甚至还会使消费者对商品质量产生怀疑。

5．**促销时机的选择**

在现代企业里，品牌经理通常要根据销售部门的要求来安排销售促进的时机和日程。日程安排又必须由地区市场营销管理人员根据整个地区的市场营销战略来研究和评估。此外，促销时机和日程的安排还要注意使生产、分销、推销的时机和日程协调一致。

6．**促销的总预算**

销售促进总预算可以通过两种方式确定：

（1）自下而上的方式，即市场营销人员根据全年销售促进活动的内容、运用的销售促进工具及相应的成本费来确定销售促进总预算。

（2）按习惯比例来确定各项促销预算占总促销预算的比率。

（四）预试销售促进方案

虽然销售促进方案是在经验基础上制订的，但仍应经过预试以确认所选用的工具是否恰当，诱因规模是否最佳，实施的途径效率如何。面向消费者市场的销售促进能够轻易地进行预试，可邀请消费者对几种不同的可能的优惠方法做出评价，给出评分，也可以在有限的地区或范围内进行试用性测试。

（五）实施和控制销售促进方案

对每一项销售促进工作都应确定实施和控制计划。实施计划必须包括前置时间和销售延续时间。

（六）评价销售促进结果

企业可用多种方法对销售促进结果进行评价。评价程序随着市场类型的不同而有所差异。

四、倾听顾客声音与接待顾客

（一）认真倾听顾客的谈话

对推销而言，善听比善说更重要。在与顾客的谈话中，80%的时间用于倾听，另外20%

的时间用于问和说。倾听是推销的基础和前提，倾听的意义在于：

（1）倾听是对客户的信任和尊重。你尊重顾客，顾客也会尊重你。

（2）倾听可以了解顾客的心理需求，判断客户之所想，为打开缺口提供钥匙，倾听可以知道顾客担心的是什么，在意的是什么，对商品的要求是什么，可以有针对性地介绍商品的利益点。

（3）倾听可以避免或减少自身的失误。客户表示用过哪种产品出现效果不佳现象，那此次倾听就可以避免以后再犯同样的错误。

（4）言多必有失。喋喋不休会把生意做砸。

认真倾听顾客的谈话是销售艺术的一部分，"一言不中，万言无用。"

（二）接待不同顾客的艺术

对待不同的顾客，促销员要采取不同的接待方法：

1. **明确购买的顾客**

有明确购买意识的顾客进店前就有明确的购买目标，进店后目光集中，向促销员指名购买某种商品。促销员应主动打招呼，按其要求拿递商品，并迅速展示，干净利落地收款付货。

2. **犹豫购买的顾客**

顾客有购买欲望，但还未确定具体的购买目标，进店后脚步缓慢，观看商品既表现出有兴趣，又有所思。促销员应尽量让顾客多了解商品，认真地为顾客介绍，站在顾客角度帮助挑选，促进顾客的购买。

3. **无目的的顾客**

这类顾客常常结伴而来，边说边看，没有具体的购买目的。促销员要表示欢迎，对顾客提出的问题给予热情、准确的回答，使顾客产生良好印象，从而提高企业声誉。

4. **争取购买的顾客**

这类顾客多为男性，理性强，着重考虑商品的实用性能、质量，价格方面合适即可，购买速度快。促销员要有重点地介绍商品，动作干净利落，尽量节省顾客的宝贵时间。

5. **冲动购买的顾客**

一些人受商品气氛的影响，会产生购买冲动，比较重视商品的外观、颜色、式样和价格。促销员介绍商品时要很有耐心，展示商品要突出"新、美"的特征，使顾客建立良好的第一印象，引起顾客的购买冲动，促进购买。

（三）了解顾客购买心理

消费者各有各的特点，各有各的习惯，各有各的具体情况，其购买心理各不一样。要想使消费者产生购买行为，还要仔细分析"上帝"们的购买心理。

1. **求美心理**

消费者在选购商品时不以使用价值为宗旨，而是注意商品的品格和个性，强调商品的艺术美。其动机的核心是讲究"装饰"和"漂亮"。他们不仅仅关注商品的价格、性能、质量、服务等价值，而且也关注商品的包装、款式、颜色、造型等整体价值。

主要消费对象：城市年轻女性。

2. 求名心理

消费者在选购商品时，特别重视商品的威望和象征意义。商品要名贵，品牌要响亮，以此来显示自己的地位和特殊性，或炫耀自己的能力非凡，其动机的核心是"显名"和"炫耀"，同时对名牌有一种安全感和信赖感，觉得质量信得过。

商家总是善于运用消费者的崇名心理做生意。一是努力使自己的产品成为品牌。二是利用各类名人推销自己的产品。

主要消费对象：青少年和儿童。

3. 求廉心理

消费者在选购商品时，特别计较商品的价格，喜欢物美价廉或削价处理的商品。其动机的核心是"便宜"和"低档"。

主要消费对象：农村消费者和低收入阶层。

4. 攀比心理

消费者在选购商品时，不是由于急需或必要，而是仅凭感情的冲动，存在着偶然性的因素，总想比别人强，要超过别人，以求得心理上的满足。其动机的核心是"争赢斗胜"。

主要消费对象：儿童和青少年。

5. 癖好心理

消费者在选购商品时，根据自己的生活习惯和业余爱好做出选择。他们的倾向比较集中，行为比较理智，可以说是"胸有成竹"，并具有经常性和持续性的特点。他们的动机核心就是"单一"和"癖好"。

主要消费对象：老年人。

6. 猎奇心理

猎奇新事物和现象产生注意和爱好的心理倾向称为猎奇心理或称为好奇心。古今中外的消费者，在猎奇心理的驱使下，大多喜欢新的消费品，寻求商品新的质量、新的功能、新的花样、新的款式，追求新的享受、新的乐趣和新的刺激。

主要消费对象：儿童和青少年。

7. 从众心理

女性在购买时容易受别人的影响。如许多人正在抢购某种商品，她们极可能加入抢购者的行列。平常总是留心观察周围人的穿着打扮，喜欢打听别人所购物品的信息，而产生模仿心理与暗示心理。女性容易接受别人的劝说，别人说好的，很可能就下定决心购买；别人若说不好，很可能就放弃掉。

市场上经常见到的"一窝蜂"现象，产生的根据在于购买者有一种错误的判断：认为有那么多人抢一定会是好货或者有便宜可占。

主要消费对象：女性。

8. 情感心理

一般来说，女性比男性具有更强的情感性。因此，女性的购买行为容易受直观感觉和情感的影响。如清新的广告、鲜艳的包装、新颖的式样、感人的气氛等，都能引起女性的好奇，激起她们强烈的购买欲望。

9. 儿童消费心理

由儿童的生理和心理发育所定，其显著特点有三个：

（1）特别好奇，凡是新奇有趣的东西都能对其产生强烈的诱惑力。

（2）不稳定性，儿童的消费纯属情感性，对一种事物产生兴趣和失去兴趣都很快。

（3）极强的模仿性，别人有的东西，自己也想得到。

因此，如果你把消费市场定在儿童领域，就应根据以上心理特点去设计和开发产品，多增加花色品种，不断改进包装，在"奇""新""好玩"的特点上下功夫，最好是把"玩"和"智力"游戏有机结合起来。

（四）回答顾客提问的技巧

促销员在回答顾客的提问时，没有固定的模式，但是有一些技巧可以使促销员的回答更贴心，更让顾客满意。

1. 认真听取顾客对商品的意见

要想回答好顾客的问题，促销员首先必须认真地听取顾客对商品的意见。促销员要带着浓厚的兴趣听取顾客的意见，让顾客把话说完，不能打断顾客的话。

2. 回答问题之前应有短暂的停顿

在顾客说完之后，促销员不要急于马上作答，可以适当放松一下，做一个短暂的停顿，考虑回答问题的适当方式。尽管有时顾客提的问题很简单，促销员能顺口就答出来，也不要太匆忙，最好先理清头绪再作答。

3. 对顾客表现出同情心

顾客对商品提出异议，通常是带着某种主观情感，所以促销员要向顾客表示自己理解他们的这种感情。对顾客表现出同情心，表示促销员理解顾客的心情，并明白他们的观点。促销员可以用"我明白您的意思了""很多人都是这么看的""我知道您的要求"之类的话来回答顾客。

4. 复述顾客提出的问题

促销员用自己的话把顾客的问题重复一遍，一方面表示自己已经知道顾客的意思，另一方面也可以留下一点时间，思考如何更好地回答。一般来说，促销员可以把顾客表示异议的陈述变为疑问句。例如，一位顾客对服装的质量表示怀疑时，促销员可以回答："我已经知道您的要求了，您是不是怀疑这件衣服的质量呢？"复述完毕后，稍微停顿一下，然后回答自己提出的这个问题，这样顾客也会比较容易接受促销员的意见。

5. 回答顾客提出的问题

对于顾客提出的问题，促销员应当清楚地给予全面的回答。在回答时要抓住重点，以顾客的主要疑虑为中心，全面地给予澄清，保证顾客不再在这一问题上陷入迷雾之中。回答完毕之后，促销员要问一句："我是否已经解答了您的问题？"或"这样说您清楚了吗？"，弄清楚顾客是否确实明白了自己的意思之后继续进行商品介绍。

五、推销角色扮演

（一）人员推销的含义及形式

人员推销是一种传统的促销方式，国内外许多企业在人员推销方面的费用支出要远远大于在其他促销方式的费用支出。在现代企业市场营销和社会经济发展中，人员推销起着十分重要的作用。

根据美国市场营销协会定义委员会的解释，所谓人员推销是指企业通过派出销售人员与一个或一个以上可能成为购买者的人交谈，作口头陈述，以推销商品，促进和扩大销售。不难看出，人员推销是销售人员帮助和说服购买者购买某种商品或服务的过程。在这一过程中，销售人员要确认购买者的需求，并通过自己的努力去吸引和满足购买者的各种需求，使双方能从公平交易中获取各自的利益。

企业可以采取多种形式开展人员推销：

1. 建立自己的销售队伍

可以建立自己的销售队伍，使用本企业的销售人员来推销产品。销售队伍中的成员又称推销员、销售代表、业务经理。他们又可以分为两类：一类是内部销售员，他们一般在办公室内用电话等联系、洽谈业务，并接待可能成为购买者的人员来访；另一类是外勤推销人员，他们进行旅行推销，上门访问客户。

2. 使用专业销售人员

可以使用专业合同销售人员，如制造商代表、销售代理商、经纪人等，按照其代销额付给佣金。西方国家的大公司甚至雇用国内外退休的高级官员当推销员。

3. 雇用兼职售点推销员

可以雇用兼职的售点推销员，在零售营业场合，用各种方式促销，按销售额比例提取佣金，方式如商品操作演示、现场模特、咨询介绍等。一般称这种促销员为售点促销小姐或促销先生。

（二）人员推销的目标和任务

从总体上看，人员推销的目标在不同营销导向下具有显著差异。传统观点认为，人员推销的目标就是追求最大的销售额。为此，销售人员必须具有较高的推销艺术和技巧，推销员所完成的商品推销业绩，被作为衡量其工作效益的唯一标准。按照现代营销观念，人员销售的最终目标应该是为企业带来最大的、长期的、稳定的利益及有利的市场地位。因此，销售人员不仅要懂得推销艺术，而且要懂得整体营销战略，并运用于推销实践。

人员推销的目标规定了销售人员的工作任务。作为企业与购买者联系的纽带，销售人员负有维护双方利益的责任，尽管这些责任有时会发生矛盾。概括地讲，销售人员的任务是既要使企业获得满意和不断增长的销售额，又要培养与顾客的友好关系，并反映市场信息和购买者信息。具体主要有：

1. 探寻市场

推销人员应该寻求机会，开拓新的市场。重要的是寻找和发现潜在顾客，吸引新的顾客，开拓新的市场，提高市场占有率。

2. 传递信息

推销人员要及时向现实的和潜在的顾客传递产品和劳务信息，努力提高产品和劳务信息在顾客中的知名度，为消费者提供购买决策的参考资料。

3. 推销产品，提供服务

灵活运用各种推销方法，千方百计推销产品。向顾客提供各种服务，例如，向顾客提供咨询服务；帮助顾客解决某些技术问题；开展售前、售中、售后服务，达到营销产品与服务的目的。

4. 收集情报

推销人员直接接触顾客，能及时收集他们的意见、要求和建议，以及竞争对手的情况和市场的新动向。推销人员要能及时将收集到的情报和信息向本中心决策层做出报告。

（三）推销策略

1. 试探性策略

试探性策略亦称刺激—反应策略。是在不了解客户需要的情况下，事先准备好要说的话，对顾客进行试探。同时密切注意对方的反应，然后根据反应进行说明或宣传。

2. 针对性策略

针对性策略亦称配合—成交策略。这种策略的特点是事先基本了解顾客的某些方面的需要，然后有针对性地进行"说服"，当讲到"点子"上引起顾客共鸣时，就有可能促成交易。

3. 诱导性策略

诱导性策略也称诱发—满足策略。这是一种创造性推销，即首先设法引起顾客需要，再说明推销的服务产品能较好地满足某种需要。这种策略要求推销人员有较高的推销技术，在"不知不觉"中成交。

（四）推销技巧

1. 上门推销技巧

（1）找好上门对象。可以通过商业性资料手册或公共广告媒体寻找重要线索，也可以到商场、门市部等商业网点寻找客户名称、地址、电话、产品和商标。

（2）做好上门推销前的准备工作，尤其要对企业发展状况、产品和服务的内容十分熟悉，要充分了解并牢记，以便推销时有问必答，同时对客户的基本情况和要求应有一定的了解。

（3）掌握"开门"的方法，即要选好上门时间，以免吃"闭门羹"，可以采用电话、传真、电子邮件等手段事先交谈或传送文字资料给对方并预约面谈的时间、地点，也可以采用请熟人引见、名片开道、与对方有关人员交朋友等策略，赢得客户的欢迎。

（4）把握适当的成交时机。应善于体察顾客的情绪，在给客户留下好感和信任时，抓住时机发起"进攻"，争取签约成交。

（5）学会推销的谈话艺术。

2. 洽谈艺术

首先注意自己的仪表和服饰打扮，给客户一个良好的印象。同时，言行举止要文明、懂礼貌、有修养，做到稳重而不呆板、活泼而不轻浮、谦逊而不自卑、直率而不鲁莽、敏捷而不冒失。在开始洽谈时，推销人员应巧妙地把谈话转入正题，做到自然、轻松、适时，可采取以关心、赞誉、请教、炫耀、探讨等方式入题，顺利地提出洽谈的内容，以引起客户的注意和兴趣。在洽谈过程中，推销人员应谦虚谨言，注意让客户多说话，认真倾听，表示关注与兴趣，并做出积极反应。遇到障碍时，要细心分析，耐心说服，排除疑虑，争取推销成功。在交谈中，语言要客观、全面，既要说明优点所在，也要如实反映缺点，切忌高谈阔论，让客户反感或不信任。洽谈成功后，推销人员切忌匆忙离去，这样做会让对方误以为上当受骗了，从而反悔、违约。推销人员应该用友好的态度和巧妙的方法祝贺客户做了笔好生意，并指导对方注意合约中的重要细节和其他一些注意事项。

3. 排除推销障碍的技巧

（1）排除客户异议障碍。若发现客户欲言又止，应主动少说话，直截了当地请对方充分发表意见，以自由问答的方式真诚地与客户交换意见。对于一时难以纠正的偏见，可将话题转移，对恶意的反对意见，也要巧妙转移话题。

（2）排除价格障碍。当客户认为价格偏高时，应充分介绍和展示产品、服务的特色和价值，使客户意识到"一分钱一分货"，当客户对定价有看法时，应介绍定价低的原因，让客户感到物美价廉。

（3）排除习惯势力障碍。实事求是地介绍客户不熟悉的产品或服务，并将其与他们已熟悉的产品或服务相比较，让客户乐于接受新的消费观念。

第二部分 实训环节

一、实训一：观察、比较服装卖场的促销方案

（一）实训准备与安排

1. 实训时间

实训周期1周，课堂展示时间2课时，共30人。

2. 实训地点

调查分析在室外完成，在多媒体教室进行课堂展示。

3. 实训前的准备

掌握整合营销传播策略，做好资料的搜集与整理，以备分析讨论之用。

（二）实训内容与要求

1. 实训内容

根据学校所在的城市服装市场的基本情况，结合项目七所列不同类型的服装品牌进行调查。组织学生实地调查至少5个品牌的促销方案。撰写调查报告，包括所调查品牌促销方案特点分析，竞争对手状况分析，促销方案优劣，实际促销效果比较等内容。

2. 实训要求

（1）要求学生掌握促销基本知识，特别是促销的分类及各种促销形式的优势与不足，做好实训前的知识准备。

（2）要求学生做好充分调研准备，准备纸、笔、照相机、录音机等信息采集工具。

（3）要求教师在实训过程中做好组织工作，给予必要、合理的指导，使学生加深对基本知识的理解，提高实际分析、操作的能力。

（三）实训组织方法与步骤

（1）将学生分为若干小组，每组8~10人，每组设组长1名，负责组织本组成员进行实训。

（2）各小组讨论分析研究实训要求，确定工作内容，并由组长确定具体人员分工。

（3）实地调查，并起草调查报告。

（4）组长组织小组讨论，对报告草稿进行修改并定稿打印。

（5）各组将工作的主要内容制成PPT，推荐1名组员向教师和同学们汇报本组工作。

（6）其他组同学点评，教师讲评。

（7）上交书面调查报告。

（四）实训考核（表8-1）

表8-1 考核项目标准

单位：分

考核项目标准	分值
调查报告的完成质量	40
自觉执行课业要求，准时完成	10
积极参与交流活动，注重书面及口头表达	20
能够融入集体，相互学习和帮助	10
运用现代信息技术手段，提高实践效果	10
合计	100

二、实训二：服装电子商务促销方式

（一）实训准备与安排

1. 实训时间

实训周期1周，课堂展示时间2课时，共30人。

2. 实训地点

小组成员可自由选择地点分析讨论，最后在多媒体教室内课堂展示。

3. 实训前的准备

掌握整合营销传播策略，查找相关文献、真实案例等，以备分析讨论之用。

（二）实训内容与要求

1. 实训内容

教师指定或学生自行收集至少2个经营服装业务的电子商务网站的促销信息。写一份调查总结，格式自拟，内容由教师指定或小组自行决定，重点总结电子商务促销和传统促销方的不同。

2. 实训要求

（1）要求学生掌握电子商务及促销等基本知识，做好实训前的知识准备。

（2）要求教师在实训过程中做好组织工作，给予必要、合理的指导，使学生加深对基本知识的理解，提高实际分析、操作的能力。

（三）实训组织方法与步骤

（1）将学生分为若干小组，每组3～5人，每组设组长1名，负责组织本组成员进行实训。

（2）各小组讨论分析研究实训要求，确定工作内容，并由组长确定具体人员分工。

（3）网络调查，起草调查报告。

（4）组长组织小组讨论，对报告草稿进行修改并定稿打印。

（5）各组将工作的主要内容制成PPT，并推荐1名组员向教师和同学汇报本组工作。

（6）其他组同学点评，然后教师讲评。

（7）上交书面调查报告。

（四）实训考核（表8-2）

表8-2　实训考核评分表　　　　　　　单位：分

考核项目标准	分值
调查总结的完成质量	40
自觉执行课业要求，准时完成	10
积极参与交流活动，注重书面及口头表达	20
能够融入集体，相互学习和帮助	10
运用现代信息技术手段，提高实践效果	20
合计	100

三、实训三：销售促销策划方案

（一）实训准备与安排

1. 实训时间

实训周期1周，课堂展示时间2课时，共30人。

2. 实训地点

小组成员可自由选择地点分析讨论，最后在教室进行课堂展示。

3. 实训前的准备

掌握销售促销策划的基本内容，查找相关文献、真实案例，以备分析讨论之用。

（二）实训内容与要求

1. 实训内容

为了应对淘宝网"双十一"促销，传统实体服装店铺也积极准备。为了在这场线上与线下促销活动中拔得头筹，各家品牌实体店铺积极准备制订促销方案。

要求学生结合这一背景，分组自行选择服装品牌，为其制定"双十一"实体店铺促销方案。

2. **实训要求**

（1）要求学生掌握销售促进及其策划等相关内容，做好实训前的知识准备。

（2）要求方案目标明确，针对性强，活动内容丰富、新颖，切实可行。

（3）要求教师在实训过程中做好组织工作，给予必要、合理的指导，使学生加深对基本知识的理解，提高实际分析、操作的能力。

（三）实训组织方法与步骤

（1）将学生分为若干小组，每组8~10人，每组设组长1名，负责组织本组成员进行实训。

（2）各小组讨论分析研究实训要求，确定工作内容，并由组长确定具体人员分工。

（3）实地调查，起草策划方案。

（4）组长组织小组讨论，对方案草稿进行修改并定稿打印。

（5）各组将工作的主要内容制成PPT，并推荐1名组员向教师和同学汇报本组工作。

（6）其他组同学点评，然后教师讲评。

（7）上交书面策划方案。

（四）实训考核（表8-3）

表8-3　实训考核评分表　　　　　　　　　　　　　　　　　单位：分

考核项目标准	分重
销售促进方案的完成质量	40
自觉执行课业要求，准时完成	10
积极参与交流活动，注重书面及口头表达	20
能够融入集体，相互学习和帮助	10
有效运用现代信息技术手段，提高实践效果	20
总分	100

四、实训四：倾听顾客声音与接待顾客

（一）实训准备与安排

1. **实训时间**

实训周期1周，课堂展示时间2课时，共30人。

2. **实训地点**

小组成员可分析讨论自由选择地点，最后在教室进行课堂展示。

3. **实训前的准备**

掌握服装消费者的消费心理与行为，查找相关文献、真实案例等，以备分析讨论之用。

（二）实训内容与要求

1. **实训内容**

组织学生具体分析推销情景，了解顾客心理，倾听顾客声音，掌握接待顾客的艺术。

在该实训过程中，要根据年龄、收入消费水平、受教育水平、民族等将顾客群体细分。

2. **实训要求**

（1）要求学生掌握沟通、推销等相关内容，做好实训前的知识准备。

（2）要求教师在实训过程中做好组织工作，给予必要的、合理的指导，使学生加深对知识的理解，提高实际分析、操作的能力。

（三）实训组织方法与步骤

（1）将学生分为若干小组，每组3~5名同学，每组设组长1名，负责组织本组成员进行实训。

（2）各小组讨论分析研究实训要求，确定工作内容，并由组长确定具体人员分工。

（3）组长组织小组讨论，完成下面内容。

（四）实训考核（表8-4）

表8-4　实训考核评分表

单位：分

考核项目标准	分值
分析材料全面、准确	40
提出的建议合理、中肯	20
倾听顾客声音，了解顾客心理	30
语言精练、条理清晰、表达准确	10
合计	100

五、实训五：推销角色扮演

（一）实训准备与安排

1. **实训时间**

实训周期1周，课堂展示时间2课时，共30人。

2. **实训地点**

小组成员可自由选择地点分析讨论，最后在教室进行课堂展示。

3. **实训前的准备**

掌握"项目方案的制订与实施"课程的基本内容，查找相关文献、真实案例等，以备分析讨论之用。

（二）实训内容与要求

1. 实训内容

组织学生以在服装品牌专卖店以推销员的身份，向进店顾客进行产品推销。

2. 实训要求

（1）要求学生掌握推销策略、推销技巧等知识内容，做好实训前的知识准备。

（2）要求教师在实训过程中做好组织工作，给予必要、合理的指导，使学生加深对基本知识的理解，提高实际分析、操作的能力。

（三）实训组织方法与步骤

（1）将学生分为若干小组，每组3~5名同学，每组设组长1名，负责组织本组成员进行实训。

（2）各小组讨论分析研究实训要求，确定工作内容，并由组长确定具体人员分工。

（3）搜集整理相关资料（产品特点、生产企业情况、竞争对手情况、产品宣传资料等），进行推销准备。

（4）模拟推销，进行推销实践。

（5）其他组同学观摩，教师根据学生现场表现进行指导、纠正，选择优秀的"推销员"进行示范，并进行讲评。

（6）互换角色模拟。

（7）教师点评。

（四）实训考核（表3-5）

表8-5　实训考核评分表　　　　　　　　　　　　　　单位：分

考核项目标准	分值
接近客户所用语言和动作	20
着装、礼仪、推销技巧	10
能通过谈话和倾听，了解客户的需要	20
将客户的注意力集中到所推销的产品上来	10
展示商品的优点，并与客户的需要联系起来，从而激发客户的兴趣和欲望	20
能处理客户提出的大部分异议，基本上消除客户的疑虑，圆满完成推销任务	20
合计	100

项目九　服装广告宣传

| 实训目的 | 通过本项目学习，使学生掌握广告文案的作用、类型、构成及写作的基本要求，能够进行简单的广告文案创作，了解广告创意的原则和过程，熟悉广告表现手法以及广告作品设计。 |

第一部分　理论知识

一、广告策略

（一）广告的定义

广告是通过特定的媒体传播产品或劳务的信息，以促进销量为主要目的的大众传播手段。这个定义可以概括为以下四点。

（1）广告对象是广大消费者，通过大众传播，即广而告知，不是类似人员推销的个人传播行为。

（2）广告内容是传播产品或劳务方面的经济信息。

（3）广告手段是通过特定的媒体进行的，对租用媒体要支付一定的费用，它有别于新闻信息传播。

（4）广告的目的是为了促进产品或劳务的销售，取得利润。

（二）广告在营销中的位置

1. 广告与服装营销的关系

广告是商品经济的产物，在以消费者为中心的买方市场条件下，广告成为传播经济信息和促进服装产品销售的重要手段，广告是促销策略的组成部分，促销策略是市场营销的一部分。

2. 广告的功能

（1）指导消费，刺激需求。

（2）加速流通，扩大销售。

（3）有利竞争，改善经营。

（4）传播文化，丰富生活。

（三）广告策略

1. 确定广告目标

在制定广告目标时，一般应考虑广告的传播对象、内容、时间、地点、媒体，即广告策略的五大要素。

（1）对象。在五大要素中，传播对象的确定是最重要的。广告策略，应从广告对象的心理活动出发了解广告对象想什么，要求什么？最能满足他们需要的是什么。广告的通病是注意物而不是注意人。因此对象的确定，首先要把可能的消费者按年龄、性别、职业等进行细化，然后确定主要对象和次要对象，针对主要对象，开展广告宣传。

（2）内容。要向广告对象传播的信息就是广告内容的范畴。要明确向消费者做出的承诺与保证，消费者视听广告所关心的重点是广告产品或服务能给人们带来什么好处，能满足人们什么要求。因此广告内容除了对产品一般介绍外，还要突出这两方面的宣传。承诺与保证都必须实事求是，内容应为消费者所感兴趣的。

（3）时间。广告发布的时间要为广告目标服务，不同目标的要求，有不同的时间安排。一般有集中时间、均衡时间、季节性时间、节假日时间等几种安排，服装企业要掌握好自己主营服装产品在市场销售中的广告时机是十分重要的。

（4）地点。地点选择也是广告策略要素之一。确定广告地点，首先要考虑该地区对产品需求量的大小，一般来说，需求量大的地区，应集中力量宣传，可能获得较大效益。其次要考虑本企业服装产品的需求量，如果某一地区这类服装产品需求量虽然很大，但本企业服装产品在这一地区却处于劣势，集中在此地区做广告宣传，可能收益不好。因此，必须根据企业销售实绩，选择重点地区。

（5）媒体。不同的广告媒体，有不同程度的传递性、吸引性、适立性，因而不同的广告策略应慎重选取能达到广告目标、传递信息的媒介物，把媒体与广告目标、广告对象、广告表现形式以及广告费用结合起来考虑。

2. 制订广告预算主要方法

（1）随机分摊法。这是一种最原始、不靠任何数据支配的预算方法。它完全凭借企业领导者的"判断""经验"和灵感确定。

（2）销售比例法。这是一种按企业目前或预测的销售额取一定比例作为广告费用支出的方法。这种方法简便易行，但要认真考虑产品售价、利润和广告成本之间的关系。

（3）目标任务法。采用这种方法，首先要在明确广告目标的基础上，具体规定和详细列出为完成广告目标所必须进行的各项工作，然后，计算出完成各项工作的费用，以这些费用之和作为广告预算。此方法较为科学，但广告效益事先无法判断。

（4）竞争平衡法。即根据同行企业，特别是有竞争关系企业的平均广告支出来预算本企业的广告费用。这也是普遍被采用的方法。但这种方法很难直接与广告目标挂钩。

（5）投资效益法。这种方法把广告费用支出当作是一种投资，按一定投资效益回收率来确定，然后，根据广告的经济效益测算预算。这种方法的明显缺陷是广告效果并不能全部转成经济效益，如知名度提高百分之几可多获销量（或利润）多少。

总之，由于各种具体的广告预算的确定方法都有一定的局限性，因而，在进行广告预算时，应综合利用上述几种方法。

（四）选择广告媒体

1. 广告媒体的概念及分类

媒体又称媒介，是把信息传输给社会大众的工具。从广告信息的传播角度看，凡是能刊载、播映、播放广告作品，在广告宣传中起传播信息作用的载体都可称为广告媒体。

现代社会，市场竞争激烈，各种广告媒体层出不穷，种类繁杂。按照不同的分类标准，可做出不同的分类，较常用的分类方法有：

（1）按媒体的物质属性分类，可分为：电波媒体（电视、互联网、广播等）；印刷媒体（报纸、杂志、传单等）；户外媒体（广告牌、路牌、霓虹灯等）；邮政广告（商品目录、订购单、销售信等）；销售现场媒体（门面、橱窗、货架陈列等）；人体媒体（时装模特、广告宣传员等）；包装媒体（包装纸、包装盒、包装袋等）；礼品媒体（年历、小工艺品、精美印刷品等）；其他媒体（飞艇、烟火等）。

（2）按媒体的受众面分类，可分为：大众媒体（电视、广播、一般性报纸等）；小众媒体（户外媒体、礼品媒体等）。

（3）按媒体的时效分类，可分为：长期广告媒体（户外广告媒体中的路牌、印刷广告媒体中的杂志、电波广告媒体中的互联网等）；短期广告媒体（报纸、广播、电视、包装纸等）；快速广告媒体（电视、广播、互联网、报纸、传单、招贴等）；慢速广告媒体（杂志、书籍等）。

（4）按受众的感觉分类，可分为：视觉广告媒体（报纸、杂志、广告牌等）；听觉广告媒体（广播、录音带、电话等）；视听觉广告媒体（电视、电影、光盘等）。

（5）按媒体的影响范围分类，可分为：国际性广告媒体（互联网、在国际上发行的出版物、国际交通工具等）；全国性广告媒体（全国范围内发行的报纸、杂志、电视等）；地区性广告媒体（地区性的报纸、杂志、电台等）。

（6）按广告信息在传播媒体中的比值分类，可分为：借用媒体（报纸、杂志、电视、广播等）；专用媒体（路牌、交通工具、霓虹灯等）。

2. 主要广告媒体的特点

报纸、杂志、广播、电视被人们称为广告传播的"四大媒体"，随着网络经济的快速发展，互联网被人们称为第五大媒体。

（1）报纸广告媒体。报纸是以文字和图片形式为传播手段，以刊载新闻为主的广告借用媒体，是现代广告五大媒体中最早发布广告的媒体。近20年来，尽管新兴媒体电视广告日趋发达，网络广告发展迅猛，对报纸广告的地位构成了强有力的挑战，但报纸广告仍以其特有的传播方式和传播途径发挥着它的作用。报纸的优点是发行量大、对当地市场的覆盖率高、传播信息迅速、选择性强、传播信息详尽、读者广泛而稳定、便于受众存查、费用低，其缺点是有效时间短、广告注目率低、印刷效果欠佳、感染力差。

（2）杂志广告媒体。杂志是刊登某一方面或某一门类的知识性或娱乐性文章、图片等供读者研究或消遣的出版物。历史发展至今，杂志业已成为和报纸业一样繁荣昌盛的出版行业，杂志已成为人们社会生活中不可缺少的文化消费品。广告使杂志适应广告主的需求，成为面向大众市场的广告媒体。杂志的优点是具有明显的读者选择性、广告对象理解度高、广告内容含量大、信息的生命周期较长、印刷质量较高、编排整齐灵活，其缺点是广告购买前置时间长，即时效性差，成本费用高，受众局限。

（3）广播广告媒体。广播广告媒体是利用电波把广告信息变成各种声音的纯听觉媒体。它通过语言和音响效果，诉诸人的听觉，充分发挥声音的抑扬顿挫、轻重快慢以及节奏感、感情色彩等方面的特点，使听众听得懂、爱听，唤起人们联想和想象。广播的优点是覆盖面广、传播速度快、灵活性强、制作容易、成本低廉、移动性强、收听方便，其缺点是广告信息易逝、形象性差、吸引力不强。

（4）电视广告媒体。电视是一种兼有听觉、视觉的现代广告媒体，是现代广告媒体中最有生命力的媒体，传播能力最强，其广告效果也最好，同时也是广告主最热衷的媒体。在大多数国家和地区，电视已成为占据第一位的广告媒体。作为集视听于一体的电视广告媒体，具有以下优点：形象生动、克服力强、辐射面广、渗透力强、传播迅速、时空性强、直观真实、理解度高、表现手法多样、艺术性强。电视广告媒体在五大媒体中最有活力，广告效果最好，但它在传播广告上也不是完美无缺的，它也有自己的不足：信息时效短、信息量相对较小、广告费用高、选择性低。

（5）网络广告媒体。网络广告是以互联网络为传播媒体的广告。互联网以其极高的知识、技术内涵，传播范围广泛和雄厚的传播实力，成为20世纪人类发现的最具价值的传播媒体之一。互联网络作为一种全新的广告媒体，之所以受到全球各国和地区企业的重视，是因为它与传统的报纸、杂志、广播、电视四大媒体相比，具有以下优点：覆盖范围广泛、信息容量大、信息交互传递、形式多样、广告投放准确、动态实时、易统计、广告投入效率高。其缺点是：硬件要求高、上网费用居高不下、主动性差、视觉效果不佳。

（五）广告内容的要求

1. 概念明确

广告必须把服装企业需要与消费者沟通的信息内容准确地传递给消费者，因此，必须在文字和使用语言等方面能准确无误地表达产品、服务等信息。不可使用含义模糊、使人产生误解的表达方式。

2. 给消费者深刻的印象

好的广告设计能给视听接受者深刻的印象。在广告语言、文字、图形、显示方式等内容，要独具匠心，引起消费者的注意，促使消费者记住广告宣传的产品和服务的内容。

3. 引起消费者的兴趣

广告要做到有可看性、趣味性，能激发消费者的兴趣。不仅使消费者对广告内容感兴趣，而且对广告本身的表达也感兴趣。有的广告设计成一段生活小事情或者一段小品，能激发视听者浓厚的兴趣，为消费者购买服装产品奠定了良好的基础。

4. 广告信息内容必须充分

广告中的信息对消费者日后的购买行动有重要影响。信息量必须要满足消费者的要求，以便促成消费者尽快做出购买决策。要把消费者应该知道的主要信息尽量传递给他们。虽然有的广告由于画面、时间等各种原因不能把所有的信息都交代清楚，但是，采用主题鲜明、重点突出的广告内容设计，可以把产品与服务的特点与差异明确无误地告诉消费者，能给消费者以较为清晰的印象。

5. 吸引力强

良好的广告具有较强的吸引力和艺术感染力，使人百看不厌。这需要语言、文字、图形、场景及表达方式的巧妙结合。其中重要的一条是所宣传的服装产品与服务能与消费者的需求紧密相连，显示服装产品为消费者带来的利益越充分，则吸引力越大。

（六）评价广告效果

1. 广告传播效果测定

广告传播效果是指广告信息传播的广度、深度及影响作用，表现为消费者对广告信息注意、理解、记忆程度。一般称为广告本身效果的测定，它可以在广告前也可以在广告后。测定广告后传播效果的方法主要有以下几种。

（1）阅读率、视听率、记忆率测定法。阅读率通过报刊阅读广告的人数与报刊发行量的比率公式为：阅读率=阅读广告人数÷发行量×100%。视听率指通过电视机、收音机，收看、收听广告的人数与电视机、收音机拥有量的比率。记忆率指记住广告重点内容（如服装产品名称、生产厂家、商标、产品特性等）的人数与阅读视听广告的人数比率。

（2）回忆测试法。找一些看过或听过电视、广播的人，让他们回忆广告的内容，来判断其对广告的注意度和记忆率。

（3）理解度测试法。在刊登广告的杂志读者中进行抽样调查，看有多少人阅读过××广告，有多少人记得广告的中心内容，有多少人记得广告一半以上内容，并分别计算出百分比，从而判定读者的认识和理解程度。

2. 广告促销效果的测定

广告促销效果是指广告对服装企业产品销售产生的影响，仅广告促销的一般效果是难以准确测定的。这是因为销售除了受广告的影响外，还受其他许多因素，如服装产品特色、价格、购买难易和竞争者行为等的影响。测定广告促销效果的方法主要有以下两种。

（1）广告效果比率法。即根据广告后销售额增加幅度与广告费用增加幅度之比测定广告效果。其公式为：广告效果比率=销售额增加率÷广告费用增加率×100%。

（2）单位广告费收益测定法。即根据一定时期内单位广告费用的经济效益来测定广告效果。其公式为：单位广告收益=（广告后的平均销售额−广告前平均销售额）÷广告费用额。

二、广告设计

（一）广告文案的概念

广告文案是指以文学艺术手法为主要表现形式，包含能实现广告目标的广告作品的语言和文字。这一定义具有以下特点：

（1）它既肯定了文学艺术在广告文案创作中的重要作用和地位，同时又把广告文案从文学写作中独立出来。既划清了两者的关系，也强调了广告文案本身任务的推销性。

（2）广告文案是先于已经完成的广告作品而存在的，包含"欲达到广告目标要素"这一限定，以及能准确地说明广告文案存在的时间性。

（3）这一定义将广告文案与广告图形区分开来，前者以语言文字来表达，后者采用直诉于消费者视觉的造型性符号来体现。

（4）这一定义还将广告文案同广告策划书区别开来，不会使广告文案的外延不恰当的延伸。

（5）它肯定了广告文案可以采取文学和艺术的多种表现形式，也接受说明性、合理性广告文案的存在。

（二）广告文案的构成

通常所说的广告文案一般是指平面印刷广告的文字部分。广播广告文案称为广告脚本，影视广告文案称为故事版或故事提纲。广告文案一般包括标题、正文、标语和附文部分。

1. 标题

标题即广告的题目，是广告文案中最重要的部分。标题体现了广告的宗旨，具有独特的功能。

（1）点明主题，引人注目。这是标题的最主要任务。广告的标题是以高度概括的语句表现广告的中心内容，表明广告的宗旨，使人们见标题而知文意。

（2）引起兴趣阅读正文。广告的标题不但使关心某种商品广告的消费者阅读正文，而且还让无具体目的的人产生兴趣。

（3）加深印象，促进购买。标题简洁顺口，多次反复地看、听，就会起到口号的作用，给人们留下深刻的印象，继而产生购买的欲望以及采取行动。

2. 正文

正文是广告文案的主体部分。广告的目标和内容主要通过广告正文传达，起着介绍商品、阐述承诺、形成印象和推动购买的作用。

3. 标语

标语又叫口号，本是一种鼓动性语言，现用于广告，即为广告标语。它是广告主从长远目标出发，设计并在一段较长时期内反复使用的一句话或几个字。让消费者记住产品，是广告所追求的效果之一，而对此最好的办法，就是采用一句好的标语。企业运用标语方式进行广告宣传，目的是帮助消费者理解和记牢一个确定的信息或观念。

4. 附文

附文又称随文，它是广告文案中敦促和引导消费者购买的信息，是广告内容的必要补充说明，如单位名称、地址、电话、评估方式、优惠条件、日期、联系人、邮编、银行账号等。附文要方便目标客户在实施购买时，容易与广告主取得联系，及时办妥有关手续。要求格式化，简明扼要，准确无误。附文的内容在广告文案中不一定全部出现，要根据广告宣传目标和主体有所选择，一般位于广告版面不显眼的位置，用较小的字体表述。

三、服装卖场POP设计

（一）POP广告的概念

POP广告起源于美国的超级市场和自助商店里的店头广告，它是当今市场上很流行的新兴广告媒体。POP广告是许多广告形式中的一种，英文名称是"Point of Purchase"，意为"卖点广告"，简称POP广告。

广义的POP广告的概念是指在商业空间、购买场所、零售商店的周围、内部以及在商品陈设的地方所设置的广告物，都属于POP广告。例如，商店的牌匾、店面的装潢和橱窗，店外悬挂的充气广告、条幅，商品卖场部的装饰、陈设、招贴广告、服务指示，卖场发放的广告刊物，进行的广告表演以及广播、录像电子广告牌等广告形式。

（二）POP广告的功能及特点

POP广告在商店、卖场、超市的频繁出现，逐渐得到了商家的认可。因此，现代社会的POP广告主要体现的功能有：新商品的告知；吸引消费者，唤起消费者潜在购买意识；营造卖场气氛；提升企业形象；通过销售额的上升，使消费者对生产者产生认同感。

为了适应市场，突出展示的服装品牌，配合服装的主题卖场设计可以选择不同种类的POP广告进行设计制作。POP广告根据设计造型又可以分为：悬挂式POP广告；商品的价目卡、展示卡式POP广告；大型台架式POP广告；地面货架式POP广告；墙面式POP广告（表9–1）。

表9-1　各类POP广告的特点

名　称	特　点
悬挂式 POP 广告	悬挂在卖场的顶部及上部空间，利用率较高，对商品陈列和消费者流通空间作了有效的利用
商品的价目卡、展示卡式 POP 广告	可以直接放在柜台上或商品旁进行宣传展示，方便消费者对商品的了解
大型台架式 POP 广告	放置在卖场外的地板上，多数是大规格实物媒介
地面货架式 POP 广告	置于商场地面上的广告体，可以设在商场外的空间地面，如商场门口、通往商场的主要街道等，可以根据行人的流量有效地增加广告宣传
墙面式 POP 广告	陈列在商业空间的墙面上，活动的隔断，柜台和货架的立面、柱头的表面；门窗的玻璃等都可以陈列。宣传的范围较广，可以使消费者多方位的接受商品信息

（三）卖场采用POP广告的目的

（1）由于POP广告常常大量使用，可以在整个卖场形成声势浩大的宣传冲击波。

（2）POP广告以其简单、轻便的特点，多在同一卖场重复出现，因此，常常给人一种牢固占领市场的心理暗示作用。

（3）POP广告具有单纯明快的形式，在设计上简洁醒目，富于视觉传达功效，而且其造型和文字通俗易懂、阅读方便，具有趣味性和较好的直觉审美效立。因此，POP广告表现出良好的亲和力，并由此和顾客进行充分、全面的沟通。

（4）POP广告是最接近消费者购买的广告，具有直接促进消费者决策的作用，能够起到无声推销的功能。

第二部分　实训环节

一、实训准备与安排

1. 实训时间

实训周期1天，课堂展示时间2课时，共30人。

2. 实训地点

校外调查，最后在教室进行课堂展示。

3. 实训前的准备

掌握广告媒体及其特点等相关知识，查找相关文献、案例等，以备分析讨论之用。

二、实训内容与要求

1. 实训内容

教师指定学校所在城市的几种广告媒体，组织学生分组调查各种媒体的优缺点，在不同时段的收费情况以及在各种媒体发布广告的流程，撰写调查报告。在此基础上，教师指定学校所在城市的某一知名品牌，组织学生从多种渠道了解其在媒体上发布的广告，认真分析该品牌及其企业的特点和竞争优势，调查这一品牌在广告宣传中运用的媒体组合情况，并给予适当评价，写一调查报告。

2. 实训要求

（1）要求学生掌握广告媒体及其特点等相关内容，做好实训前的知识准备。

（2）要求教师在实训过程中做好组织工作，给予必要的、合理的指导，使学生加深对基础知识的理解，提高实际分析、操作的能力。

三、实训组织方法及步骤

（1）将学生分为若干小组，每组3~5人，每组设组长1名，负责组织本组成员进行实训。

（2）各小组讨论分析研究实训要求，确定工作内容，并由组长确定具体人员分工。

（3）搜集各种媒体的相关资料以及在不同时段的收费情况。搜集企业及产品资料，调查产品的广告媒体组合情况。

（4）根据之前的准备工作撰写调查报告。

（5）组长组织小组讨论，对调查报告进行修改并定稿打印。

（6）各组将工作的主要内容制成PPT，并推荐1名组员向教师和同学汇报本组工作。

（7）其他组同学点评，然后教师讲评。

（8）上交书面调查报告。

四、实训考核（表9-2）

表9-2　实训考核评分表　　　　　　　　　　　　　单位：分

考核项目标准	分值
调查总结的完成质量	40
自觉执行课业要求，准时完成	20
积极参与交流活动，注重书面及口头表达	20
能够融入集体，相互学习和帮助	10
有效运用现代信息技术手段，提高实践效果	10
合计	100

项目十　团队合作训练

| 实训目的 | 本项目旨在让学生通过团队合作拓展项目的实践，激发并提升学生的合作意识与能力，要求学生在实践过程中克服各种困难，展示自己并克服不足。 |

第一部分　理论知识

一、拓展训练

素质拓展训练注意以心理、身体和品德为重点。心理：最佳的心智，最高的情商，最坚强的意志，知、情、意并举。身体：强、健、敏集于一身的身体素质。最强的体魄，最健的身躯，最敏捷的身手。品德：真、善、美融于一体的品德素质。从高中的普通教育进入大学的职业教育，人生无疑要经历一次改变，在融入职业团队的过程中，绝不能有人恃才傲物，团队的力量才是无穷的。

二、团队合作训练方法

（一）翻越"职业墙"

1．训练形式

建立一个4米高的墙，一个团队在不得借助任何外力的条件下，必须在4分钟内全体越过这面墙。面对高高的墙壁，如果30个人每个人单凭个人的力量要在短短的4分钟内全都翻越完毕是无法完成的，而团队的力量组合将使问题很容易得到解决。

2．训练方法

组建10～15人一组的团队，对人员进行分工，实施翻越。

（二）背摔——信心跌

1．训练形式

建一个1.6米的高台，一个人站在高台上，将双手捆在胸前，背朝后直直地倒下去，台下的同伴面对面站成两排，伸直双手相接搭成"臂网"，倒下来的人倒在"臂网"上被同伴接住。

2．训练方法

组建10~15人一组的团队，对人员进行分工，排序，实践。

（三）举轻若重

1．训练形式

准备一根2~3米的轻质塑料棍（最好可伸缩），让团队成员站成相对的两列（并排一列亦可），让小组成员全部将双手并举到自己的眉头的位置，将轻质塑料棍放在每个人的平行伸出的两个食指上（注意：必须保证每双手都接触到轻质塑料棍，并且手都在轻质塑料棍下面）；要求团队成员使轻质塑料棍保持水平，团队任务是：在保证每个人的手都在轻质塑料棍下面且接触到轻质塑料棍的情况下将轻质塑料棍完全水平地往下移动。一旦有人的手离开轻质塑料棍或轻质塑料棍没有水平往下移动，任务就算失败。

2．训练方法

组建10人一组的团队，对人员进行分工、排序，实施训练。

（四）定向智慧三角

1．训练形式

准备一根5米长的绳，用眼罩将所有同学的眼睛蒙上，在蒙上前让学生先观察一下四周的环境。然后，将双手举在胸前，像保险杆般保护自己与他人。目标是整个团队找到这条很长的绳子，并将它拉成正三角形，且顶点必须对着北方。完成时每个人都要握住绳子。

2．训练方法

组建20~30人一组的团队，对人员进行分工、排序，实施训练。

（五）极速魔球

1．训练形式

将所有人分成三组，每个小组20人，分别配有1、2、3号球。

2．训练方法

将球按1、2、3号的顺序从发起者手里发出，最后按此顺序回到发起者手里。在传递过程中，每一人都必须接触到球，在规定的时间内传递次数最多者获胜。

（六）同在一条船上

1．训练形式

以团队为单位，围着站成一个圈。一人先举起右手，握住对面那个人的手，再举起左手，握住另外一个人的手，其他人依次而行，直到全部人员的手都握在一起，形成封闭的形式。

现在面临一个错综复杂的问题，在任何人都不松开手的情况下，想办法把乱网解开。完成时间为20分钟。

2．训练方法

组建10人一组的团队，由团队研究出解决问题的步骤，注意玲听在沟通中的重要性以及团队的合作精神的重要性。

（七）仙人桥

1．训练形式

以团队为单位，全体成员依次以不重复的动作通过一座宽30厘米，长10米的桥。

2．训练方法

全体成员不能有完全重复的过桥动作。

（八）仙人指路

1．训练形式

每2人一组，一个人被蒙住眼睛，另一个人用语言引导"盲人"前进，但不能碰到身体。"盲人"的前面可能是平路，也可能是台阶、土坡或者水沟。"引路人"将他所看到的情景转化为语言表达出来，同时要求"盲人"将语言转化为头脑中的"地图"，继而能顺利地行进。

2．训练方法

每人总里程30米，全队安全完成后结束。

（九）极限生存拉练

1．训练形式

团队徒步野外拉练，每个队员只能带1瓶矿泉水，2个面包，负重10公斤，完成全程20公里的行程，无一人掉队地回到起点。

2．训练方法

教师在每5公里处设立一个安全检查点，并给予一定救护支持和激励。

（十）生命呐喊

1．训练形式

每人有5分钟的发言时间，在距离发言者50米的环境内有一定噪声干扰，要让考查教师听清发言者的每一句话。发言内容：我是谁、我来自哪里、我的优势、我最感兴趣的事、我最爱的人等。

2．训练方法

组建20~30人一组的团队，由团队进行分组排序，组织实施。

（十一）这是谁的作品

1．训练形式

在戴上眼罩前每人分发一份纸和笔，将自己的名字写在纸的背面，然后将眼睛蒙上，听教师用语言描述某一样东西，让学生蒙着眼睛画下他们所听到的内容，完成作品后将所有的图片挂到墙上，让学生从中挑选出自己画的作品。

2．训练方法

以20~30人为一组，分组进行训练和组织讨论。

（十二）平安着陆

1．训练形式

发给每个人鸡蛋1只，小气球1只，塑料袋1只，竹签4只，塑料匙、叉各2支，橡皮筋6根。让鸡蛋在3层楼高的地方落向地面，使鸡蛋保持完好。

2．训练方法

教师把上述所说材料发给学生，为了不使鸡蛋摔破，学生要用所给的材料来设计保护伞，让学生准备25分钟，之后到指定的3层楼高的地点把鸡蛋放下来。

（十三）智力闯关

1．训练形式

有两间房，其中一间房内有三盏灯，另一间房内有控制这三盏灯的开关（这两间房是分开的，毫无联系）。学生分别进这两间房一次，然后判断出这三盏灯分别是由哪个开关控制的。每间房每个学生只能进一次。

2．训练方法

教师在事前按训练要求准备训练所必备的教具，然后控制训练进程，保证设备完好。

（十四）打开挫折魔盒

1．训练形式

由参加受训的每位同学，在一张空白纸上不记名地写出曾经使自己受到挫折的人或事，并尽情地加以责难，然后收集起来装到一个小盒中，放到讲台上。由对抗性的两个团队轮流各派出一名学生，由一方任意抽出小盒中一张写有不满的纸条，以纸条上的内容为题将另一方作为发泄对象尽情发泄。接受发泄一方应保持良好心态，平息对方的怒气。

2．训练方法

教师在事前按训练要求准备训练所必备的教具，然后控制训练角色在对抗性的两个团队间轮换。根据参训人员的多少控制好时间。

（十五）陌生访问

1. 训练形式

由每位受训的学生，按教师确定的区域，对特定的陌生对象进行有一定目的的访问。在给定的时间和区域内，让学生经受挫折、克服困难、战胜胆怯，营造出在陌生环境中新的社交资源，获取要求的信息并塑造出崭新的职业形象。

2. 训练方法

由指导教师根据设定陌生对象的角色，给出访问目的，以及信息采集的内容，提出完成任务的数量、时间要求和质量标准，并在学生完成任务后进行电话采访复核。合理分配任务量，力求学生须经过努力才能实现目标。同时要有限度，避免学生丧失信心。

第二部分　实训环节

一、实训准备与安排

1. 实训时间

实训周期1天。

2. 实训地点

操场。

3. 实训前的准备

熟悉并掌握团队合作拓展项目的内容和基本要求，充分做好相关准备活动。

二、实训内容与要求

1. 实训内容

学生分组进行规定项目的团队合作拓展训练。

2. 实训要求

（1）要求学生做好热身活动，不得佩戴硬物及携带影响活动的物品。

（2）要求教师在实训过程中做好组织工作，给予必要的、合理的指导，使学生加深对理论知识的理解，提高实际应用和操作的能力。

三、实训组织方法与步骤

（1）将学生分为若干小组，每组设组长1名，负责组织本组成员进行拓展训练。

（2）各小组讨论分析研究拓展项目，确定执行程序，并由组长确定具体人员分工。

（3）活动前，教师先培训组长对实训中用到的设备和仪器的使月，由各组组长对本组成员进行设备和仪器的操作使用培训。

（4）各组按顺序依次完成团队协作拓展训练。

（5）依照各组任务完成的质量及时间进行综合评比，激励学生团队合作意识与能力。

（6）教师讲评。

四、实训考核（表10-1）

表10-1　实训考核评分表

单位：分

考核项目	分值
团队成员协作	60
任务完成质量	20
任务完成速度	20
合计	100

参考文献

［1］尚丽，张富云. 服装市场营销［M］. 北京：化学工业出版社，2013.

［2］孙菊剑. 服装零售终端运营与管理［M］. 上海：东华大学出版社，2013.

［3］王晓云，李宽. 服装零售学［M］. 北京：中国纺织出版社，2010.

［4］王建四. 服装应该这样卖［M］. 北京：北京大学出版社，2008.

［5］梁惠琼. 营销策划技术［M］. 北京：人民邮电出版社，2012.

［6］冯丽华. 消费者行为分析［M］. 北京：人民邮电出版社，2012.

［7］姚丹. 市场营销实训教程［M］. 大连：东北财经大学出版社，2009.

［8］吴郑宏. 服装广告［M］. 北京：高等教育出版社，2011.

［9］周鸿铎. 广告策划［M］. 北京：中国财政经济出版社，2005.

［10］金顺九. 视觉·服装：终端卖场陈列规划［M］. 北京：中国纺织出版社，2007.

［11］应菊英. 职业素质拓展训练［M］. 北京：高等教育出版，2009.